KLEINE AUSZEITEN
IN DER

-EIFEL-

KLEINE AUSZEITEN IN DER

-EIFEL-

RAINER D. KRÖLL

WOCHENEND & WOHNMOBIL

CAMPING- & STELLPLÄTZE · HIGHLIGHTS · AKTIVITÄTEN

BRUCKMANN

INHALT

Nicht nur in den Moselbergen gibt es enge Straßen (Ziel 11).

LAND DER VULKANE UND MAARE

Natur und Kultur erleben in der Eifel

◀ Landschaft bei Michelsberg in den Ahrbergen (Ziel 10) ▲ Die Eifel bietet eine Fülle an regionalen Produkten. ▼ Herrliche Farben des Herbstes

Auch wer noch nie in der Eifel war, kennt sie vom Hörensagen als Landstrich der Maare und Vulkane. Das ist zwar korrekt, doch greift diese Charakterisierung viel zu kurz. Wer die Eifel richtig bereist, ist überrascht von der Vielfältigkeit der Landschaft, der Kultur und den Möglichkeiten zur Urlaubsgestaltung. Zwischen Ahrtal, Rhein, Mosel und Grenze im Westen erstrecken sich vulkanische Landschaften, mystische Hochmoore im Hohen Venn, Wald, Wasser und Wildnis im Nationalpark Eifel, das Eifeler Kalkkuppenland, Naturerlebnisregionen der Flusstäler, das Rotweinparadies Ahrtal und das fantastische Felsenland Südeifel. Das Kulturgut umfasst Steinzeithöhlen, Bauten der Römer, Burgen, Schlösser, Klöster und historische Fachwerkstädte, nicht wenige davon zählen zum Weltkulturerbe.

Urlauber atmen in der dünn besiedelten Eifel saubere Luft, während sie auf ausgebauten Radwegen das Land erkunden, sich auf 500 Kilometern Mountainbike-Routen austoben, in Wanderschuhen durch die Wälder und über die Höhen streifen, Fliegenfischen, einen Ausritt wagen oder in einem Biergarten den Tag mit regionalen Speisen genießen. Im Winter kommen Besucher, um die schönen Weihnachtsmärkte zu erleben oder mit den Langlaufskiern in die Loipen einzusteigen. Sehenswertes erwartet die Gäste in den geschichtsträchtigen Städten, Museen und Burgen. Die Eifel ist das Land der Burgen und somit eine Fundgrube für Romantiker und Privatforscher der Geschichte.

REISEN IN DER EIFEL

Mit einem kleinen Wohnmobil kommt man bequem überall hin. Auf kleineren Ortsverbindungsstraßen in abgelegenen Gegenden stoßen größere Wohnmobile an ihre Grenzen. Besonders Parkplätze an den Sehenswürdigkeiten und in Städten können ein Problem darstellen. Glücklich, wer ein Fahrrad oder E-Bike besitzt. In den kleinräumigen Zielgebieten lässt sich von einem Camping- oder Stellplatz aus alles gut erkunden. Gut, dass es da auch die Regionalbahnen wie zum Beispiel im Ahrtal oder im Kylltal gibt, die Wanderern auch weitere Erkundigungen ohne Wohnmobil ermöglichen. In der Saison werden auch touristische Buslinien angeboten, damit man die langen Wanderrouten schaffen kann. Anspruchsvolle Touren wie der 100 Kilometer lange Ahrsteig, der 300 Kilometer lange Eifelsteig, der 120 Kilometer lange Römerkanal-Wanderweg und der 120 Kilometer lange Radweg auf der Eifel-Höhen-Route lassen sich so organisieren (Hinweise sind in den Zielgebieten angegeben oder man bekommt in den örtlichen Touristinformationen Auskunft). Ein Kontakt zu den Touristinformationen lohnt immer, denn es stehen oft Fahrpläne, besondere Tickets und Gästekarten zur Verfügung, die Vergünstigungen bedeuten. Auch in den Städten gibt es für Touristen eigene Ticket-Angebote, beispielsweise in Aachen (avv.de).

DIE ZIELE

Die Ziele stellen Kurztrips für die Reise mit dem Wohnmobil dar. Dabei kann nach Lust und Laune zwischen Städtetouren, Naturgebieten und stiller Urlaubsgegend gewählt werden. Es sind Ziele mit Genussfaktor, Abenteuer, Natur und Erholung. Natürlich lassen sie sich auch für einen längeren Aufenthalt kombinieren.

AKTIVITÄTEN

Beispiele für Wanderungen, Kanufahrten oder Radtouren sowie empfehlenswerte Einkehrmöglichkeiten sind im Text für die schnelle Orientierung mit entsprechenden Symbolen versehen. Über weitere Freizeitmöglichkeiten geben die Touristinformationen oder entsprechenden Internetplattformen Auskunft (tourenplaner-rheinland-pfalz.de, traumpfade.info, naturwanderpark.eu, eifelsteig.de, trailpark.de, eifelzupferd.de, vulkan.bike und viele andere Seiten der Orte, Städte und Regionen).

Aussicht in das grüne Prümtal

Die Eifel ist das Land der Pferde.

BÜCHER, KARTEN UND BROSCHÜREN

Reiseführer, Wander- und Radwegkarten gibt es im Buchfachhandel (zum Beispiel die Freizeitkarten 1:50 000 der Landesvermessungsämter oder des Eifelvereins). Die örtlichen Touristinformationen und überregionalen Fremdenverkehrsämter halten eine große Menge an meist kostenlosen Informationsbroschüren und Karten bereit. Hier sind auch Informationen für spezielle Interessen zu finden wie etwa Radkarten, Übersicht der Museen und Campingplätze, Wandertipps, Erlebnisse für Kinder, Golfplätze, Wellness oder die Broschüre Eifel zu Pferd und vieles mehr. Es lohnt sich immer, bei den örtlichen Touristinformationen vorbeizuschauen oder sich Material vorab schicken zu lassen. Die zuständigen Anlaufstellen sind jeweils am Ende der Zielbeschreibungen angegeben.

INTERNET

Es gibt viele Internetplattformen, die für die Reiseplanung in die Eifel genutzt werden können. Daneben haben alle Städte und Fremdenverkehrsorte ihre eigenen Internetauftritte.

Für Anreise und Urlaubsplanung: eifel.info, eifel-direkt.de.

Für allgemeine Informationen und Führer durch die Regionen: eifelfuehrer.de, nordeifel-tourismus.de, geopark-vulkaneifel.de, gesundland-vulkaneifel.de.

BESTE JAHRESZEIT

Natürlich ist ein Urlaub in der Eifel in den Sommermonaten am schönsten, auch weil es für Aktivitäten selten zu heiß ist, denn in der Eifel herrscht eher gemäßigte Wärme. Anders ist das im warmen Ahrtal. Herrlich ist der Herbst mit seinen unvergleichlichen Farben und das Wetter kann stabiler sein als im Sommer. Wer Blumen liebt, wird sich am Frühling oder am Frühsommer orientieren. Aber auch der Winter hat seine Reize. In der Eifel gibt es Wintersportgebiete wie beispielsweise Schwarzer Mann in der Schneifel. Die Weihnachtsmärkte wie in Monschau und Aachen sind berühmt.

WETTER

Der Westen der Eifel gilt als regenreich, doch der Osten (und besonders das Ahrtal) ist eher gemäßigt. Für die aktuellen Wetteraussichten eines bestimmten Ortes benutzt man daher am besten eine der örtlichen Wetterstationen. Allgemeinere Wettervorhersagen halten einige Internetplattformen wie zum Beispiel wetteronline.de bereit.

Auch heute noch ist die Eifel großflächig landwirtschaftlich geprägt.

Leckeres Angebot in einer Bäckerei in Monschau (Ziel 2)

WANDERUNGEN UND RADTOUREN

Die Eifel ist ein herrliches Wandergebiet. Fernwanderwege, Eifelschleifen, Eifelsteig und unzählige Themenwanderwege wie etwa die fantastische Buntsandsteinroute durchziehen die Täler und Höhen. Alle Pfade sind im Gelände bestens ausgeschildert. Einige der Wandervorschläge sind dem Buch »Historische Pfade Eifel« (Bruckmann Verlag) des Verfassers entnommen, in dem sich genaue Wegbeschreibungen befinden. Viele der ausgeschilderten Radwege wurden auf stillgelegten Bahntrassen angelegt und weisen daher keine starken Steigungen auf.

REGIONALE KÜCHE

Die traditionellen Speisen in der Eifel galten lange Zeit als »Armeleuteküche«. Die Menschen waren auf die Produkte ihrer eigenen Landwirtschaft auf mageren Böden angewiesen. Zutaten aus dem Stall, vom Feld, Wald und aus dem Gemüsegarten waren und sind auch heute noch die Zutaten. »Morre-Jemöß« (Kartoffeln mit Möhren und Zwiebeln, Rippchen mit Bratwurst und Senf) oder »Döppekooche« (Topfkuchen mit den Zutaten Kartoffeln, Eier, Zwiebeln, Brötchen, Speck oder Mettwürstchen, Öl, Apfelkompott, Salz, Pfeffer und Muskat) erfreuen sich auch heute noch großer Beliebtheit. Herzhafte Spezialitäten wie der Rheinische Sauerbraten, der Aachener Sauerbraten und die Aachener Weihnachts-Leberwurst kamen von außen als Luxus in die Eifel. Aber die Zeiten der »Armeleuteküche« sind längst vorbei. Zahlreiche Restaurants haben die traditionelle Küche neu interpretiert und heben die Vorzüge der regionalen Produkte hervor. Auf den Internetseiten eifel-exclusive.de und regionalmarke-eifel.de sind Restaurants, Rezepte, regionale Lebensmittel, Hofläden und Eifelprodukte zu finden. Auch auf Wochenmärkten findet man reichlich regionale Produkte.

GEOLOGIE

Bereits vor der alpinen Gebirgsbildung wurden die abgelagerten Sedimente des Devons und Unterkarbon verfaltet und zum Teil verschiefert (Variszisches Gebirge). Die Eifel ist Teil des Rheinischen Schiefergebirges, das diesem Vorgang entspricht. Der gewachsene Fels besteht überwiegend aus Schiefer, Kalkstein, Quarzit und Sandsteinen aus der Zeit des Devons. Etwa von der Trierer Bucht bis zur Niederrheinischen Bucht erstreckte sich vor 200 Millionen Jahren in der Zeit des Jura und der Trias ein flaches Meer, das weitere Sedimente ablagerte. Die erste vulkanische Phase begann in der Eifel vor 45 Millionen Jahren. Vor fünf Millionen Jahren begann das Rheinische Schiefergebirge mit der Eifel aus der Umgebung aufzusteigen. Dadurch gruben sich Bäche und Flüsse in die flachwellige Landschaft ein und die Landschaft entwickelte sich in Richtung der heutigen Gestalt. Zur Formung der Landschaft trug dann auch die zweite vulkanische Phase bei, die vor einer Million Jahren begann. Die letzten Ausbrüche der Vulkane, bei denen die jüngsten Maare entstanden, liegen 10 000 Jahre zurück.

DIE EIFEL IM WANDEL DER GESCHICHTE

Archäologische Funde beweisen, dass bereits vor mehr als 100 000 Jahren Neandertaler in der Eifel jagten und lebten. Vor etwa 30 000 Jahren müssen Cro-Magnon-Menschen in der Eifel gewohnt haben. Noch Jahrhunderte vor Christus wanderten Kelten aus dem Osten ein und besiedelten das Ahrtal. Die Namen Eifel und Ahr sind keltischen Ursprungs. Artefakte aus Hillesheim belegen die Verhüttung von Eisen in der La-Tène-Zeit im 5. Jahrhundert vor Christus. In den Jahren 58 bis 51 vor Christus eroberte Gaius Julius Caesar Gallien, das aus dem heutigen Frankreich, Belgien, der Westschweiz und den größten Teilen des linksrheinischen Deutschlands bestand. Wegen einfallender germanischer Stämme verstärkte Rom die Militärlager entlang der Rheinlinie. Zur Römerzeit durchquerten große Fernstraßen wie die Via Agrippa zwischen Trier und Köln die Eifel. Auf den Straßen wurde in der Eifel gefördertes Blei, Galmei, Eisen, Kalk und Mühlsteine transportiert. Bei Bitburg wurde eine Eisenschmelze der Römer ausgegraben. In der Nähe der Kastelle wurden Veteranen angesiedelt, die das umliegende Land bebauten. Auf die römischen Ansiedelungen weisen die Endungen der Ortsnamen »weiler« hin, dem »villare« vom lateinischen

◀ Rastplätze sind in der Eifel genügend zu finden. ▲ Auch im Sommer erlebt man in der Eifel Regenschauer (Ziel 12). ▼ Landschaft bei Kommern

»villa« zugrunde liegt. Im Jahr 410 zogen die Römer ihre letzten Truppen von der Rheingrenze zurück. Durch das Machtvakuum drangen ab dem 5. Jahrhundert die germanischen Großstämme der Franken in die Region ein. Das Fränkische Reich erreichte unter dem Karolinger Karl dem Großen seine größte Ausdehnung. Im Hochmittelalter war die Eifel Grenzgebiet zwischen den rivalisierenden Erzbistümern Köln und Trier, der Grafschaft Luxemburg und dem Herzogtum Jülich. Daher gibt es in der Eifel außerordentlich viele Burgen, die meist als Ruinen überliefert sind. Zerstört wurden die Burgen durch viele Kriege, die über das Land zogen, und durch französische Truppen, die zu allen möglichen Kriegsschauplätzen durch die Eifel stießen. Ab 1815 übernahm Preußen die Herrschaft über die Eifel und sie erhielt als ärmliches Randgebiet des Reiches den Namen »preußisch Sibirien«. Im Zweiten Weltkrieg brachen heftige Gefechte und Armut über die Grenzregion Eifel herein. Heute gibt der wachsende Tourismus der Eifel einigen Aufschwung.

WELTKULTURERBE AACHEN

Geschichte und Kultur

Gesamtansicht der Südseite des Aachener Doms

1

Aachen, die Stadt Karls des Großen, besitzt bedeutende Welt-Kulturdenkmäler. Hier bauten die Römer schon vor 2000 Jahren Badeanlagen und Kultstätten. Aachen hat heute viel Charme, gute Geschäfte, malerische Winkel sowie gemütliche Cafés und Restaurants. Die Nachbarstadt Stolberg ist eine Überraschung.

Aachen liegt im Herzen Europas und war schon zur Zeit Karls des Großen das politische, kulturelle und spirituelle Zentrum seines Reiches. Die ehemalige Reichsstadt beeindruckt heute nicht nur durch ihre geschichtlich bedeutenden Bauwerke und süße Printen. Die Bundesregierung verlieh der Stadt den Titel »Ort der Vielfalt«. Aufgrund der Grenzlage zeigen sich viele kulturelle und architektonische Einflüsse aus dem belgisch-niederländischen Raum. Ihre europäische Rolle behauptet die Stadt mit der Vergabe des internationalen Karlspreises für Verdienste um die europäische Einigung.

AACHENER GESCHICHTE

- ab 3000 v. Chr. (Neolithikum) Besiedelung durch bäuerliche Menschen
- ab 2200 v. Chr. (Bronzezeit) Ansiedlung von keltischen Stämmen
- ab 1. Jh. n. Chr. Römer wohnten an den warmen Quellen
- ab 5. Jh. n. Chr. Franken nahmen die Region ein
- ab 768 regierte Karl der Große in Aachen
- 936 wurde Otto I. zum König des Heiliges Römisches Reiches gekrönt
- 1166 erlangte Aachen durch Kaiser Friedrich Barbarossa die Stadtrechte und wurde Reichsstadt
- 13. bis 16. Jahrhundert Aachen wurde zum Zentrum der Tuch- Kupfer- und Messingherstellung
- 1656 zerstörte ein Stadtbrand fast das gesamte gotische Aachen
- 1918 Aachen blieb elf Jahre lang von belgischen Truppen besetzt
- 1944 wurde die Stadt in der Schlacht um Aachen von den Alliierten eingenommen und stark beschädigt

Die Touristinformation Aachen vermittelt neben klassischen Stadtführungen immer sonntags Themenführungen. Tickets können vorab online gebucht werden (aachen-tourismus.de/fuehrungen). Außerdem gibt es Stadtrundfahrten mit den Citybussen (citytour.de). Eine Stadtbesichtigung ist mit dem Stadtplan in der Hand auch auf eigene Faust gut durchzuführen, denn von allen Seiten können sich die Besucher am Dom orientieren. Auf einem Spaziergang von zwei Kilometern können die wichtigsten Sehenswürdigkeiten entdeckt werden.

SEHENSWERTES IN AACHEN

Praktischerweise beginnen wir die Besichtigung der Altstadt am klassizistischen **Elisenbrunnen** am Friedrich-Wilhelm-Platz, denn in der dort ansässigen Touristinformation bekommen Besucher einen Stadtplan. Der mondäne Elisenbrunnen aus dem 19. Jahrhundert mit dem dorischen Säulenvorbau der Wandelhalle unterstreicht den Anspruch Aachens als Kurstadt. Sprudelnde Thermalquellen mit Schwefelgehalt verbreiten ihren typischen Geruch. Bereits die Römer nutzten die heißen Quellen für ihre Thermen.
Das **Klenkes-Denkmal** steht nordöstlich des Elisenbrunnens am Friedrich-Wilhelm-Platz. Der erhobene kleine Finger der Figuren ist der Gruß aller Aachener. Mit dem kleinen Finger wurden in der einst florierenden Aachener Nadelindustrie unbrauchbare Nadeln »ausgeklinkt«.

◀ Der klassizistische Elisenbrunnen bei Nacht ▶ Das Klenkes-Denkmal erinnert an die Aachener Nadelindustrie.

Die mächtige gotische Chorhalle des Aachener Doms

Hinter dem Elisenbrunnen dehnt sich der **Elisengarten** aus, der mit seinen alten Bäumen im Sommer eine wohltuende Oase ist. Hier befindet sich die Keimzelle der Stadt Aachen, denn im Elisengarten wurden Siedlungsplätze aus fünf Jahrtausenden nachgewiesen. Feuersteinwerkzeuge belegen eine Benutzung des Ortes bereits in der Jungsteinzeit. Die Menschen bauten auf dem Lousberg am heutigen nördlichen Stadtrand Feuerstein ab. Vom 1. bis 4. Jahrhundert war der Elisengarten mit römischen Thermen und anderen Gebäuden bebaut. Archäologische Ausgrabungen förderten auch Artefakte aus der Zeit der Merowinger und des Mittelalters zutage. Der ovale Glasbau inmitten des Gartens gewährt Einblick in den geschichtlichen Untergrund der Stadt. An der nordwestlichen Ecke des Elisengartens zeigt der witzige **Brunnen »Kreislauf des Geldes«** den Weg zum Dom auf dem Münsterplatz. Der bei Kindern beliebte **Puppenbrunnen** mit beweglichen Figuren steht auf der Nordostseite des Doms in der Krämerstraße 27.

Der **Aachener Dom** ist das Wahrzeichen der Stadt und wurde zusammen mit dem Domschatz als Kulturdenkmal in die UNESCO-Welterbeliste aufgenommen. Der Dom geht auf die achteckige **Pfalzkapelle** Karls des Großen zurück, ein Meisterwerk der karolingischen Baukunst des 8. Jahrhunderts.

◀ Der Pennsoldat schnitzt sich ein Zubrot. ▶ Printen gibt es überall.

Von außen ist die Palastkapelle an der barocken Turmhaube zu erkennen. Umgeben ist das Oktogon von einer niedrigeren, sechzehneckigen Halle. Innen steht an der Westseite des Oktogons der aus Marmor gefertigte **Thron** Karls des Großen. Auf ihm wurden 30 deutsche Könige gekrönt. Anbauten aus späteren Zeiten wie die gotische Chorhalle im Osten und die vielen Kapellen umgeben den karolingischen Bau. Dadurch ist der über 1200-jährige Aachener Dom von vielen Baustilen beeinflusst. Die monumentale **Chorhalle** aus dem Jahr 1414 gilt mit ihren 27 Meter hohen Fenstern als Meisterwerk der gotischen Baukunst.

Inmitten der Chorhalle steht der goldene Karlsschrein aus dem Jahr 1215 mit den Gebeinen Karls des Großen und der berühmte Marienschrein. Er enthält die vier Aachener Heiligtümer, die seit dem 14. Jahrhundert alle sieben Jahre gezeigt werden. Auf der Westseite befindet sich der **Domhof** mit Blick auf das barocke Eingangsportal der Vorhalle und auf den neugotischen Glockenturm. Nördlich des Domhofs schließt sich der Kreuzgang aus dem Jahr 1500 an, an dessen Westseite die **Domschatzkammer** ist. Der Zugang ist von der Johannes-Paul-II.-Straße her. Bei dem Schatz handelt es sich um den bedeutendsten Kirchenschatz nördlich der Alpen. Bedeutende Teile sind das Lotharkreuz, die silberne, teils vergoldete Karlsbüste und der Marmorsarkophag Karls des Großen.

Südlich der Domschatzkammer steht am **Fischmarkt** Nummer 3 das **Grashaus** aus dem 13. Jahrhundert, das einst als Rathaus diente. 1886 erhielt das Gebäude sein heutiges Aussehen mit den drei Spitzbogenfenstern.

DIE ROUTE CHARLEMAGNE ist ein museales und pädagogisches Projekt, das die Macht Karls des Großen und die Stadtentwicklung Aachens in ihren europäischen Bezügen darstellt. Dom, Rathaus, Museen sowie Badekultur und Wissenschaft sind als Stationen in die Route integriert. Das Centre Charlemagne ist zentrale Anlaufstelle (centre-charlemagne.eu).

An der Nordseite des Doms befindet sich der großzügige Katschhof mit dem modernen Centre Charlemagne, ein Museum mit Exponaten der Stadtgeschichte. Die große Freitreppe führt zum Aachener Rathaus hinauf. Anstelle des Rathauses stand im 8. Jahrhundert die karolingische Pfalz. Das heutige Aachener Rathaus wurde 1349 errichtet. Darin befindet sich der Krönungsfestsaal und im Museum gibt es zudem Kopien der Reichskleinodien Reichsapfel, Reichskrone und Schwerter sowie die Handschrift des Reichsevangeliars. Das Rathaus besitzt mit dem Marktturm und dem Granusturm zwei Türme. Der Granusturm ist das einzige Bauteil der ursprünglichen Kaiserpfalz. In den romantischen Anbauten befindet sich heute ein Gasthaus.

Östlich des Katschhofes steht am Hühnermarkt 17 gegenüber dem Brunnen mit dem Hühnerdieb das Couven-Museum in einem Gebäude aus dem 17. Jahrhundert. Es wurde vom Baumeister Jakob Couven im Rokokostil umgebaut und beinhaltet eine Möbelsammlung verschiedener Epochen (couven-museum.de).

Noch ein wenig weiter östlich steht an der Straße Büchel der Bahkauvbrunnen (Bachkalb). Gemäß der Sage sprang ein Ungeheuer auf die Schultern spät heimkehrender Zecher.

Nördlich des Rathauses weitet sich der historische Marktplatz. In der Mitte steht der Karlsbrunnen, der Karl den Großen mit Reichsapfel und

◀ Bei schönem Wetter am Fischmarkt ▶ Auf dem Aachener Weihnachtsmarkt

Zepter zeigt. Er ist der älteste Brunnen der Stadt und stammt aus dem 17. Jahrhundert.

Das **Haus Löwenstein** aus dem 14. Jahrhundert mit den Ecktürmchen steht am Markt 39. Einst Weinhaus mit staufischen Kellergewölben, wird das Gebäude heute als Infostelle der Route Charlemagne und als Karnevalsmuseum genutzt. Am Haus Löwenstein beginnt die Pontstraße nach Norden. Im gotischen Bürgerhaus mit der Nummer 13 residiert das Internationale Zeitungsmuseum (izm.de).

Weit draußen steht an der Pontstraße die Doppeltoranlage **Ponttor** aus dem 13. Jahrhundert. Ebenso weit außerhalb des Zentrums, aber im Süden, ist noch das **Marschiertor** aus dem 13. Jahrhundert erhalten. Es gehört zu den größten Stadttoren Westeuropas. Noch heute sitzt vor dem Tor ein schnitzender **Pennsoldat**. Das **Ludwig Forum für Internationale Kunst** befindet sich in der Jülicher Straße 97-109. Das im Bauhaus-Stil entworfene Gebäude wurde 1928 errichtet (ludwigforum.de).

Egal wie lange jemand die Stadtbesichtigung ausdehnt, es sollte doch immer Zeit zur Verfügung sein, ziellos durch die Gassen mit den schönen Geschäften, Cafés und Restaurants zu stromern. Übrigens steht der Aachener Weihnachtsmarkt regelmäßig in der Liste der Top 10 der European Best Chrismas Markets. Plätze und Gassen rund um den Aachener Dom und um das Rathaus verwandeln sich in ein Weihnachtsdorf.

DIE SÜSSEN AACHENER PRINTEN gibt es in verschiedenen Sorten und Härtegraden überall. Es handelt sich um ein Lebkuchengebäck mit aromatischen Gewürzen. Die Firma Lambertz hat in der Ritterstraße 9 einen Werksverkauf mit großem Parkplatz (lambertz-shop.de/werksverkauf). Der Lindt-Werksverkauf ist in der Süsterfeldstraße 130 (lindt.de/shops).

Tipp

Der Tierpark Aachen nennt sich Euregiozoo. Auf neun Hektar Fläche leben 1.000 Tiere aus 200 Arten. Eine Freude für Kinder ist der Kinderbauernhof mit Tieren zum Anfassen und natürlich das Ponyreiten. Es gibt genügend Parkplätze oder der Zoo kann direkt mit dem Bus Linie 16 angefahren werden (Obere Drimbornstraße 44, Tel. 0241/593 85, euregiozoo.de).

▲ Idylle in Kornelimünster ◀ Ungarnkapelle, Glockenturm und Pfalzkapelle des Aachener Doms ▶ In der romantischen Gasse In der Schart in Stolberg

◀ Der Ortskern von Kornelimünster ▶ In der Klause wohnten einst Eremiten.

KORNELIMÜNSTER

Wenn auch Stadtteil von Aachen, bildet Kornelimünster mit historischem Ortskern und Abteikirche eine Extra-Anlaufstelle. 814 gründete Benedikt von Aniane das Kloster Kornelimünster an dem Flüsschen Inde. Die alte **Abteikirche Sankt Kornelius** wurde durch die Reliquien Ziel zahlreicher Wallfahrten, besonders während der alle sieben Jahre stattfindenden Heiligtumsfahrt. Die Kirche ist eine fünfschiffige Basilika und zählt zu den bedeutendsten Bauwerken rheinischer Baukunst. Der erste Bau aus karolingischer Zeit wurde in ottonischer Zeit durch einen neuen Bau ersetzt, der im 13. Jahrhundert im gotischen Stil umgebaut wurde. Ab dem 15. Jahrhundert erfolgten einige Erweiterungen. Im 18. Jahrhundert wurde die barocke Korneliuskapelle angebaut. Das ehemalige Klostergebäude wurde im 18. Jahrhundert zu einem Barockschloss umgebaut und beherbergt heute das **Kunsthaus NRW**. Das Land Nordrhein-Westfalen zeigt in den prunkvollen Barocksälen Kunst von 1945 bis in die Gegenwart (Kunsthaus NRW, Abteigarten 6, 52076 Aachen, Tel. 02408/64 92, kunsthaus.nrw). Bürgerhäuser des 17. und 18. Jahrhunderts prägen das Ambiente. Am Benediktusplatz Nummer 17 steht das kuriose Haus mit nur 2,42 Meter Breite. Kornelimünster besitzt eines der historisch bedeutendsten Ortsbilder im Rheinland. Auf dem Korneliusmarkt vor der Kirche findet jährlich im Juni der historische Jahrmarkt mit alten Fahrgeschäften, Gauklern und Buden statt. Zu anderen Zeiten ist auf diesem Platz ein Parkplatz, der allerdings für größere Wohnmobile nicht geeignet ist. Größeren Parkraum gibt es am neuen Friedhof am Schildchenweg. Die bessere Alternative ist der Vennbahn-Radweg, der von Aachen über Kornelimünster, Monschau und Belgien nach Luxemburg hineinführt.

1

DIE WANDERUNG ZUR KLAUSE und römischen Tempelanlage Varnenum entlang der idyllischen Inde beginnt im historischen Ortskern von Kornelimünster. Die Rundtour ist nur fünf Kilometer lang. Einkehr zu einem Kaffee ist an der Klause im Naturschutzgebiet Klauserwäldchen möglich.

STOLBERG

Die Kupferstadt Stolberg profitierte von den Aachener Religionsunruhen der Reformationszeit. Mit der Vertreibung der Protestanten aus Aachen verließen viele Kupferschläger die Stadt und siedelten sich im liberalen Stolberg an. Der dadurch entstandene Reichtum zeigt sich noch heute in den **prächtigen Hofanlagen** der Kupfermeister. Stolberg besitzt einen der bedeutendsten historischen Stadtkerne Nordrhein-Westfalens und zeigt hinter jeder Ecke der engen Gassen wie **In der Schart** oder am **Alten Markt** am Ende der Burgstraße eine weitere Überraschung. Imposantes Wahrzeichen der Kupferstadt ist die trutzige mittelalterliche **Burg Stolberg**. In der Torburg befindet sich ein Handwerksmuseum (museum-torburg.de). Schließlich gibt es noch das Industriemuseum Zinkhütter Hof in der Cockerillstraße 90. Es ist ein Mobilitäts- und Fahrzeugmuseum (zinkhuetterhof.de). Mit Parkplätzen ist Stolberg nicht gesegnet. Aber in nur elf Minuten fährt die Regionalbahn von Aachen nach Stolberg (stolberg-erleben.de).

◀ Am Alten Markt in Stolberg dominiert heute die Gastronomie.

▶ In der Sonne am Elisenbrunnen in Aachen

AUF EINEN BLICK

Info

STADT/REGION: Aachen und Stolberg
BESTE REISEZEIT: April–Oktober
OPTIMALE REISEDAUER: 2–3 Tage
TOURISTINFO: Elisenbrunnen, Friedrich-Wilhelm-Platz, 52062 Aachen, Tel. 0241/1 80 29 50, info@aachen-tourismus.de, aachen-tourismus.de, aachen.de

STELLPLATZ BAD AACHEN

ADRESSE: Branderhofer Weg 11, 52066 Bad Aachen, Tel. 0241/99 00 09 91, mail@aachen-camping.de, aachen-camping.de
ANFAHRT: Von der A 44 Ausfahrt 3 Aachen-Brand, dann auf der Trierer Straße und Adenauerallee zum Branderhofer Weg. Aachen hat eine Umweltzone.
GPS: 50.76125 6.102889
Der ganzjährig geöffnete Stellplatz ist umgeben von Sportplätzen, Parkanlagen und Wohngebiet. Er verfügt über befestigte Parzellen mit Wasser- und Stromanschluss. Die Nutzung ist auf zwei Nächte pro Aufenthalt beschränkt. Entsorgungs- und Abfallstation, geheiztes Sanitärgebäude mit Duschen, Waschbecken und Toiletten, kleine Wiese mit Grillkamin und Pavillon, kostenfreies WiFi, morgens Brötchen- und Zeitungs-Service. Einkaufs- und Einkehrmöglichkeiten sind 800 Meter entfernt in Burtscheid. In die historische Altstadt Aachen sind es 2,5 Kilometer, die mit dem Fahrrad oder mit den Bussen Linie 30 und V zurückgelegt werden können (avv.de). Nach Kornelimünster sind es 8 Kilometer und nach Stolberg 12 Kilometer.

CAMPINGPLATZ VICHTBACHTAL

ADRESSE: Vichtbachstraße 10, 52159 Roetgen-Mulartshütte, Tel. 02408/51 31, camping@vichtbachtal.de, vichtbachtal.de
ANFAHRT: Von der A 44 Ausfahrt 2 Aachen-Lichtenbusch und auf der B 258 und über Rott nach Mulartshütte
GPS: 50.699361 6.221861

Der Stellplatz Bad Aachen ist ein ruhiger Ort.

Der von April bis Oktober geöffnete Wiesenplatz liegt am idyllischen Vichtbach, ist von Wald umgeben und verfügt über meist parzellierte Plätze mit Stromanschluss. Kiosk, Entsorgungs- und Abfallstation, Sanitärgebäude mit Duschen, Waschbecken, Toiletten, Waschmaschine und Trockner, kostenfreies WiFi, morgens Brötchen-Service. Einkaufsmöglichkeit befindet sich in 2 Kilometer Entfernung. Zu einem Restaurant sind es 300 Meter. Das Vichtbachtal ist Wandergebiet. Nach Aachen sind es auf dem Vennbahn-Radweg 16 Kilometer (vennbahn.eu) und 11 Kilometer auf der Straße nach Stolberg. In 1 Kilometer Entfernung ist ein Islandpferdehof (islandpferdehof-zur-pulvermuehle.de). Es besteht Busverbindung nach Aachen, Stolberg und Roetgen (avv.de). Der Platz ist guter Ausgangspunkt für Ausflüge in das Moorgebiet Hohes Venn in Belgien. Der Eifelsteig von Kornelimünster nach Trier verläuft durch Roetgen.
Ein weiterer Campingplatz ist in Roetgen in der Faulenbruchstraße 55 (camping-faulenbruch.de) und in der Bahnhofstraße in Roetgen ist ein Wohnmobilstellplatz ohne jede Infrastruktur. GPS: 50.648639 6.184770.

VIEL GELIEBTES MONSCHAUER LAND

Tuchmacherstadt an der Rur

Fachwerkhäuser in Monschau an der Rur

2

Die Fachwerkstadt Monschau gilt als Sahnestück der Nordeifel und wird entsprechend touristisch frequentiert. Urlauber lassen sich auf einem Bummel durch den 300 Jahre alten Startkern begeistern. Das Fachwerkidyll berührt die Seele durch seinen einzigartigen Charme der verwinkelten Gassen und Bauten.

MONSCHAU

Die Eifelperle Monschau liegt zwischen den Hügeln des Naturparks Hohes Venn-Eifel an dem Flüsschen Rur. Die Landschaft zählt zur schönen Rureifel, dessen kultureller Mittelpunkt das historische Monschau ist. Die Burg über der Stadt wurde ab dem 12. Jahrhundert erbaut. In der Folge entwickelte sich der Ort und bekam 1352 die Stadtrechte. Monjoye, wie damals der Ort hieß, wuchs im Dreißigjährigen Krieg durch Zuzug protestantischer Flüchtlinge aus Aachen und anderen katholischen Gegenden. Danach entwickelte sich eine Wolltuchproduktion hoher Qualität. Die Bauten des Stadtkerns aus der reichen Tuchmacherzeit des 17. und 18. Jahrhunderts wie das Rote Haus und das Haus Troistorff sind bis heute erhalten. Aber seit Mitte des 19. Jahrhunderts verlor Monschau den Anschluss an die industrielle Entwicklung und die letzte Tuchfabrik schloss 1908.

SEHENSWERTES IN MONSCHAU

Monschau besitzt über 300 denkmalgeschützte Bauwerke, davon die meisten in Fachwerkbauweise. Ein Spaziergang durch die Altstadt führt zu einigen Sehenswürdigkeiten. Vom Wohnmobilstellplatz leitet der Weg in die Altstadt an der alten Tuchfabrik und am Parkplatz Burgau vorbei. In der alten Fabrik sind heute das Handwerkerdorf, die römische Glashütte und das Erlebnismuseum Lernort Natur (erlebnismuseum-monschau.de) untergebracht.

Tipp

In der alten Tuchfabrik stehen auf dem Monschauer Handwerkermarkt im Stil eines Dorfplatzes Marktstände, an denen Nützliches und Tand verkauft wird. In der Glashütte erleben die Gäste, wie Glaswaren hergestellt werden. Auf der Ausstellungsfläche werden die Produkte präsentiert (10 bis 18 Uhr, Eintritt frei, glashuettemonschau.de).

2

500 Meter nach dem Handwerkermarkt ist in der Stadtstraße 24 die 1862 gegründete Kaffeerösterei Wilhelm Maassen mit einer herrlichen Ladeneinrichtung. Im Haus Nummer 16 bekommt man in der Touristinformation einen Stadtplan. An der evangelischen Stadtkirche mit dem Schwan als Symbol für den Reformator auf der Kirchturmspitze überqueren wir auf der Brücke die Rur. Hier öffnet sich nach links der Blick auf das Rote Haus. Das prachtvolle Patrizierhaus aus dem 18. Jahrhundert ist das Wahrzeichen der Stadt und heute ein Museum. Es wurde um 1760 von dem Tuchmacher Johann Heinrich Scheibler als Wohnhaus, Kontor und Fabrikationsstätte erbaut. Mit seiner Einrichtung in den Stilen Rokoko, Louis-seize und Empire spiegelt es den Glanz großbürgerlicher Wohnkultur wider. Eine Seltenheit ist die über drei Etagen freitragende, gewendelte Treppe aus Eichenholz. Im alten Kontor sind sämtliche Fakten rund um die Tuchmachertradition zu erfahren. Stoffmusterbücher mit 6000 Entwürfen in den verschiedensten Dekoren zeugen von der Vielfalt und Brillanz des Monschauer Tuchs um 1800 (Stiftung Scheibler-Museum, Rotes Haus, Laufenstraße 10, Tel. 02472/50 71, rotes-haus-monschau.lvr.de). Ebenfalls in der Laufenstraße steht das Haus Troistorff, das 1783 als repräsentatives Stadthaus erbaut wurde. Es ist die Vielzahl der herrlichen Fachwerkhäuser, die Monschau so berühmt und zu etwas Besonderem machen.

◀ Neben der Stadtkirche steht das Rote Haus. ▶ An der Stadtkirche in Monschau

In Monschau sind schöne Läden zu finden.

Von der evangelischen Stadtkirche weiter auf der Rurstraße und dann rechts ein wenig auf dem Oberen Mühlenberg, im einstigen Armenviertel der Stadt hinauf, kommen wir zu einem kleinen Weg auf der rechten Seite. Dieser Pfad führt zu herrlichen Aussichtsplätzen über der Stadt bis hinauf zur **Mariakapelle**. Die Kapelle befindet sich gegenüber der **Burg Monschau**. Der Kern der Anlage lässt sich auf das 12. Jahrhundert datieren. Die Burg ist heute mit hochkarätigen Musikveranstaltungen und anderen Darbietungen kultureller Anziehungspunkt für Jung und Alt. In der Festung befindet sich eine Jugendherberge.

Aber unten in der Stadt lässt sich noch viel mehr entdecken. Am **Marktplatz** steht zwischen dem großen Angebot an Gasthaustischen der **Weberbrunnen**, der an die armen Arbeiterfamilien und an den Reichtum der Stadt erinnert. An den Marktplatz schließt sich das historische **Aukloster** an. Es wurde im 18. Jahrhundert als Minoritenkloster gegründet. Heute finden darin Veranstaltungen aller Art statt. Nach dem Kloster können wir auf der Brücke über die Rur und auf der Eschbachstraße zum Marktplatz zurückgehen. Auch im Winter wird Monschau gerne besucht. Die gesamte Altstadt ist zur Zeit des beliebten Weihnachtsmarktes voller Buden und Menschen.

VON MONSCHAU INS MONSCHAUER HECKENLAND durchstreift eine Rundwanderung von 13 Kilometer das Rurtal und zwei beschauliche Bachtäler auf verträumten Wegen. Unglaublich hohe Hecken, so hoch wie Häuser, sind in Höfen im Heckenland ein besonderes Erbe. Sogar die Felder wurden traditionsgemäß mit Hecken umzogen und prägen die außergewöhnliche Kulturlandschaft. Die historische Kluckbachmühle und die grotesken Aussichtsfelsen Teufelsley und Engelsley sind weitere Höhepunkte.

◀ In der Rurstraße ▶ Am Marktplatz in Monschau

DAS KLOSTER REICHENSTEIN des Prämonstratenser Ordens im Naturpark Hohes Venn wurde im 12. Jahrhundert begründet und im Jahr 2007 als Benediktinerkloster wiedereröffnet. Das Kloster ist ein gutes Ziel für Wanderer und Radfahrer, liegt es doch im romantischen Rurtal mit den Felsbildungen der Perdsley und Wiselsley. Der Einstieg in den Vennbahn-Radweg befindet sich südlich von Monschau am Reichensteiner Weg und Ecke B 258 (kloster-reichenstein.de, vennbahn.eu).

Tipp

In der historischen Monschauer Senfmühle können Besucher die Produktion besichtigen und im täglich geöffneten Laden unter 22 verschiedenen Senfsorten wählen (Führungen ohne Voranmeldung: März bis Oktober Mittwoch 11 und 14 Uhr und Freitag 11 und 14 Uhr, Laufenstraße 118, Tel. 02472/22 45, senfmuehle.de).

HÖFEN IM MONSCHAUER HECKENLAND

Das Monschauer Land und das Eifelvorland bieten die besten Voraussetzungen für einen Urlaub zum Wandern und Radfahren abseits touristischer Zentren. Das Dorf Höfen im Monschauer Heckenland ist ein Idyll der ländlichen Kultur. In der Hauptstraße 96 steht das Alte Eifelhaus, ein mit Reet gedecktes Eifelhaus aus dem Jahr 1650. Heute ist darin eine Bäckerei und Café (altes-eifelhaus.de). Vom Parkplatz am Nationalparktor kommt man auf der Hauptstraße nach Norden zur Touristinformation mit Ausstellung zum Nationalpark. Ein Faltblatt zeigt den Höfener Heckenweg, der auf drei Kilometer Länge an den schönsten Fachwerkhäusern und an den außergewöhnlich hohen Hecken wie zum Beispiel in der Weiherstraße vorbeiführt.

DER NARZISSEN-WANDERWEG ist eine überregionale Berühmtheit. Meist von April bis Anfang Mai verwandeln Millionen gelbe Narzissen die Wiesen im Perlenbachtal in große Blütenteppiche. Vom Parkplatz an der Perlenbacher Mühle in Höfen folgt die 14 Kilometer lange Narzissenroute in einem Rundweg dem Fuhrtsbach und dem Perlenbach.

HÜRTGENWALD

Der Hürtgenwald im Eifelvorland erlangte im 2. Weltkrieg wegen äußerst blutiger Kämpfe mit 70 000 Toten traurige Berühmtheit. Der Westwallweg und andere Themenwege führen an zerstörten Bunkern vorbei und erinnern an die dunkle Geschichte. Aber im Hürtgenwald zeigt zum Beispiel der Bodenlehrpfad im Todtenbruch bei Vossenack herrliche Natur und am Eifelblick, mit 566 Metern höchster Punkt des Hürtgenwaldes, genießt man die Aussicht bis nach Aachen und in die Niederlande. Simonskall im Hürtgenwald ist ein liebliches, winziges Dorf in purer Naturidylle. Das Landhotel Kallbach bietet neben einem kleinen Stellplatz der Gemeinde ebenfalls einen Wohnmobilstellplatz an. Das Dorf ist bekannt wegen seinem guten Angebot der Gastronomiebetriebe.

IM MOUNTAINBIKEPARK HÜRTGENWALD können sich Mutige im Douwnhill austoben (Parkplatz Simonskaller Straße, 52393 Hürtgenwald-Vossenack, Tel. 01515/166 03 29, mtb-park-huertgenwald.de, von April bis Oktober, Tageskarte 25 €).

◀ Schönste Fachwerkhäuser und hohe Hecken ▶ Auf dem Bodenlehrpfad

AUF EINEN BLICK

Info

STADT/REGION: Monschau, Monschauer Land und Voreifel
BESTE REISEZEIT: April–Oktober
OPTIMALE REISEDAUER: 1–2 Tage
TOURISTINFO: Stadtstraße 16, 52156 Monschau, Tel. 02472/804 80, touristik@monschau.de, monschau.de

STELLPLATZ MONSCHAU

ADRESSE: Biesweg, 52156 Monschau, Tel. 02472/804 80, touristik@monschau.de, monschau.de
ANFAHRT: Von der A 1 Ausfahrt 113 Nettersheim und auf der L 206, B 265 und B 258 nach Monschau
GPS: 50.553917 6.232167

Die Wohnmobilstellplätze auf einem Parkplatz in einer Schleife der B 258 bieten Strom, Ver- und Entsorgungseinrichtung und WC. Der Platz ist ganzjährig nutzbar, aber auf einen Tag beschränkt. Es gibt keinen Schatten auf der Asphaltfläche. Nebenan ist ein Hallenbad. In die Altstadt mit Museen, Restaurants und Einkaufsmöglichkeiten sind es zu Fuß 700 Meter. Auf dem nahen Vennbahn-Radweg ist nach Norden in 30 Kilometern Aachen erreicht und nach Südwesten in 5 Kilometern das Kloster Reichenstein sowie nach Süden in 5 steilen Kilometern Höfen (vennbahn.eu).

CAMPINGPLATZ PERLENAU

ADRESSE: Perlenau 7, 52156 Monschau, Tel. 02472/41 36, familie.rasch@monschau-perlenau.de, monschau-perlenau.de
ANFAHRT: Von der A 1 Ausfahrt 113 Nettersheim und auf der L 206, B 265 und B 258 nach Monschau-Perlenau
GPS: 50.543528 6.237083

Der Campingplatz liegt direkt am Perlenbach und am Eifelsteig zwischen Monschau und Höfen und ist von Mitte Mai bis September geöffnet. Der naturnahe Platz verfügt über moderne Einrichtungen wie beheizte Sanitärräume mit Einzelwaschkabinen, Spüleinrichtungen, Waschmaschine und Trockner und Chemie- und Abwasserausguss. Ein Restaurant sorgt für das leibliche Wohl. Auf dem Eifelsteig (eifelsteig.de)

◀ Der Campingplatz Perlenau ist ein naturnahes Idyll. ▲ Restaurant auf dem Campingplatz ▼ Höfen schmückt sich mit hohen Hecken.

am Perlenbach ist die Altstadt von Monschau mit Museen, Restaurants und Einkaufsmöglichkeiten zwei Kilometer entfernt und Höfen drei Kilometer. Für viele Wanderwege wie etwa den Narzissenweg ist der Platz ein guter Ausgangspunkt. Zum Einstieg in den Vennbahn-Radweg sind es zwei Kilometer (vennbahn.eu).

STELLPLATZ ZERKALL INFOPUNKT

ADRESSE: Auel 1, 52393 Hürtgenwald-Zerkall, Tel. 092427/90 90 26, info@rureifel-tourismus.de, rureifel-tourismus.de
ANFAHRT: Von der A 1 Ausfahrt 111 Wißkirchen und auf der B 266, B 477, B 265 und L 11 nach Zerkall
GPS: 50.691306 6.454111
Die Stellplätze befinden sich auf einem teils beschatteten Wanderparkplatz an der Rurtalbahn und sind ganzjährig nutzbar. Außer WiFi wird keinerlei Einrichtung angeboten. In 100 Metern Entfernung ist der Bahnhof. Nach Nideggen sind es zu Fuß auf dem Wanderweg an der Rur drei Kilometer. Dort ist die interessante Burg Nideggen, Restaurants und Einkaufsmöglichkeiten. Der Wanderweg der phantastischen Buntsandsteinroute ist gut zu erreichen. Mit einem Kanu lässt sich auf der Rur ein intaktes Flusssystem erleben (Infopunkt Zerkall).

NATURPARK HOHES VENN-EIFEL

Wandern über urtümliche Hochmoore und Heide

Die Burg Reinhardstein wurde vor dem Verfall gerettet.

3

Wer erstmals das Venn-Plateau erlebt, ist erstaunt. Der Wald gibt den Blick auf ausgedehnte Torfheiden frei, deren Farbe sich mit den Jahreszeiten verändert. Im Hohen Venn bilden sich je nach Jahres- und Tageszeit mystische Stimmungen. Moore sind auch schon immer Element für gruselige Geschichten und Mythen.

HOHES VENN

Das Hohe Venn hat viele Gesichter, die auch von den Farben der Pflanzendecke bestimmt werden. Die blaugrünen Blätter der Rauschbeere stehen im Sommer in Kontrast zu Flächen mit goldbraunem Pfeifengras, sattgrünem Straußfarn oder Schneeheide. Die bizarren Silhouetten der knorrigen Moorbirken und Ebereschen stehen über dem Rostorange des Herbstes oder über den Gelbtönen des Winters. Naturliebhaber finden in diesem originären Land botanische Raritäten. Wanderungen auf kilometerlangen Bretterstegen in einer vielfältigen Landschaft übertreffen die Erwartungen. Entstanden ist diese urige Landschaft über Jahrtausende, in denen die Westwinde ihre Regenlast abluden. Am Boden sieht man die Reste von Torfmoosen und anderen Pflanzen, die Hochmoore bilden konnten. Die Heideflächen entstanden meist durch menschliches Zutun, denn der Torf war über Jahrhunderte ein begehrter Brennstoff.
Dieses Zielgebiet umfasst nur die Landschaft des Hohen Venn im viel größeren Deutsch-Belgischen Naturpark Hohes Venn-Eifel, in dem zum Beispiel auch der Nationalpark Eifel liegt. Von deutscher Seite bilden die Städte Roetgen und Monschau mit dem Stadtteil Mützenich die Tore zum Hohen Venn.

ROETGEN

Der Pendlerort Roetgen im Großraum Aachen ist kein Fremdenverkehrsort. Die Gemeinde ist jedoch guter Ausgangsort für Wanderer und Radfahrer, um in das Gebiet des Hohen Venn zu gelangen oder auf dem Vennbahn-Radweg unterwegs zu sein. Im 19. Jahrhundert wurde die Vennbahn für den Kohle- und Eisenerztransport von Aachen nach Luxemburg gebaut. Heute können Radler die zum Radweg umfunktionierte Bahntrasse nutzen, um das Land zu erkunden (vennbahn.eu). Roetgen ist auch Station des Premiumwanderweges Eifelsteig zwischen Aachen und Trier (eifelsteig.de).

3

Die Struffeltheide und das Hochmooor auf dem unbewaldeten Struffeltkopf bergen viele seltene Pflanzen- und Tierarten. Prägend ist das Pfeifengras mit den herbstlichen violettgrauen Ähren. Auf Holzstegen führt der Wanderweg durch das Hochmoor und vorbei an der Dreilägerbachtalsperre. Der Rundwanderweg von neun Kilometer Länge ist eine perfekte Familienwanderung.

MÜTZENICH

Der Monschauer Ortsteil Mützenich nimmt als Dorf eine große Fläche ein, besitzt sehr schöne Fachwerkhäuser und ist beliebter Ausgangsort für Wanderungen in das Hohe Venn und im Winter für Langlauftouren. Der Ortsname weist möglicherweise auf die römische Ansiedlung Mutiniacum hin. Unter einem Knüppeldamm im Venn wurde die Leiche eines römischen Legionärs in voller Rüstung gefunden. Der römische Helm ist daher Teil des Gemeindewappens. An der Grenze steht in der Mitte der Eupener Straße das Schmugglerdenkmal. In der Nachkriegszeit war Mützenich eine Hochburg des Kaffeeschmuggels von Belgien nach Deutschland. An der sogenannten Aachener Kaffeefront kamen viele Menschen durch Schusswaffen der Zöllner ums Leben. Schließlich wurden 1952 exakt 46 Personen verurteilt, sodass der Fußballverein Mützenich keine Mannschaft mehr aufstellen konnte.

Rauschbeere kontrastiert mit Pfeifengras.

◀ Schachtelhalm im Moorwasser ▲ Mystische Stimmung im Hohen Venn
▼ Die Rauschbeere ist essbar, darf aber nicht gepflückt werden.

Das Dorfmuseum Uraalt Scholl wurde in der Ringstraße im alten Fachwerk-Schulhaus gegenüber der Kirche eingerichtet. Ausgestellt sind Dinge des täglichen Lebens sowie Geräte und Werkzeuge aus Stall, Scheune und Feld. Besichtigung ist nach Absprache möglich (Tel. 02472/90 99 13, heimatverein-muetzenich.de).

KAISER KARLS BETTSTATT ist von Mützenich aus auf verschiedenen Wanderwegen zu erreichen. Vom Parkplatz an der Eupener Straße an der Grenze sind es bis zu dem Naturdenkmal nur 1,5 Kilometer. Auf dem Weg dorthin steht ein Aussichtsturm mit Blick über die flache Landschaft. Schließlich geht es auf dem Grenzweg zu Kaiser Karls Bettstatt. Der Sage nach soll Kaiser Karl der Große sich bei einem Jagdausflug im Hohen Venn verirrt haben und musste auf diesem Quarzitfelsen übernachten.

Am imposanten Staudamm Robertville

Im **VENNGASTHOF ZUR BUCHE** sitzen die Gäste im Sommer auf der Terrasse oder an den Tischen in der Wiese und genießen den Tag und belgisches Bier, frisch gezapft vom Fass, mit genialen Steaks oder vegetarischen Gerichten (Im Brand 39, 52156 Monschau-Mützenich, Tel. 02472/14 97, venngasthof-zurbuche.de).

NATURPARKZENTRUM BOTRANGE

Auf belgischer Seite des Hohen Venn ist das Naturparkzentrum Botrange ein interessanter Anlaufpunkt. Dort erhalten Besucher alle wichtigen Informationen über das Hohe Venn. Wie in der Touristinformation Monschau werden auch im Naturparkzentrum Botrange Führungen zu den Hochmooren und Torfheiden angeboten. Hier kann man auch ein Fahrrad oder Skier ausleihen. Botrange ist auch Startpunkt für selbständige Wanderungen in die Moorgebiete. Jedoch ist der Zugang zum Schutz der Flora und Fauna reglementiert und gewisse Zonen sind nur in Begleitung von anerkannten Naturführern zugänglich. Das Gebiet ist in drei Zonen eingeteilt: Die B-Zone ist für jedermann offen, aber nur auf den angelegten Pfaden. In die C-Zone dürfen Personen nur in Begleitung eines anerkannten Naturführers. Die D-Zone ist für die Öffentlichkeit generell gesperrt. Zudem können zum Beispiel bei Waldbrandgefahr Verbote ausgesprochen werden, was durch rote Fahnenwimpel an den Eingängen angezeigt wird. Hunde sind im Naturschutzgebiet nicht erlaubt. Über die aktuelle Situation gibt das Naturparkzentrum Botrange Auskunft (La Maison du Parc-Botrange, Route de Botrange 131, B-4950 Waimes, Tel. 0032/(0)80/44 03 00, botrange.be).

LE SIGNAL DE BOTRANGE an der N 676, nordwestlich des Naturparkzentrums Botrange, ist der Ausgangspunkt verschiedener Bohlenwege unterschiedlicher Länge in die Moor- und Heideflächen des Hohen Venn. Ebenso ist der Kreuzungspunkt Mont Rigi und Baraque Michel an der N 68 Startpunkt für Wanderungen in die herben Gebiete des Hohen Venn. Der aufgeschüttete **BALTIA-HÜGEL** am Parkplatz Signal de Botrange kennzeichnet Belgiens höchsten Punkt auf 700 Metern Höhe.

Das Schmugglerdenkmal steht an der Grenze zu Belgien.

3

REINHARDSTEIN

Nahe dem Lac de Robertville in Belgien ist das Château de Reinhardstein ein beliebtes Ausflugsziel, zumal es am Stausee auch den Camping Du Lac mit Wassersportmöglichkeiten gibt. Für die Wanderung zur Burg Reinhardstein und Cascade de Reinhardstein gibt es Parkplätze zu beiden Seiten des Barrage de Robertville und auch südlich des Ortes Fischvenn. Vom Staudamm Robertville ist es nur ein Spaziergang von 800 Metern zur Burg und weiter zum Wasserfall. Die Burg Reinhardstein wurde im Jahr 1354 von Reinhard von Weismes erbaut. Die Restaurierung der Burg rettete sie vor weiterem Verfall. Heute wird auf Reinhardstein ein vielfältiges Programm wie Mittelalterfeste, Ausstellungen und Konzerte veranstaltet. Die Burg kann auch besichtigt werden (Chemin du Cheneux 50, B-4950 Ovifat, Tel. 0032(0)80/44 68 68, reinhardstein.net).

BURG REINHARDSTEIN ist auch auf einer Rundwanderung von sechs Kilometern zu erreichen. Vom Parkplatz am Staudamm Robertville startet der Weg auf der Südseite des Flüsschens Warche nach Westen. Bald ist auf der anderen Seite des Tals die Burg Reinhardstein zu sehen. Am Aussichtspunkt Napoleons Nase schauen wir über das Warchetal. Nach einer Brücke über die Warche geht es nach Osten auf die Burg Reinhardstein zu und danach zum Parkplatz an der Staumauer zurück.

Gebiet am Naturparkzentrum Botrange

▲ Impression aus dem Hohen Venn ▼ Am imposanten Staudamm Robertville

AUF EINEN BLICK

Info

STADT/REGION: Hohes Venn, Naturpark Hohes Venn-Eifel
BESTE REISEZEIT: April–Oktober
OPTIMALE REISEDAUER: 1–2 Tage
TOURISTINFO: Stadtstraße 16, 52156 Monschau,
Tel. 02472/804 80, touristik@monschau.de, monschau.de,
monschauer-land.de

STELLPLATZ SIGNALE BOTRANGE

ADRESSE: Route de Botrange 133, B-4950 Waimes
ANFAHRT: Von Monschau auf der B 399 und in Belgien auf der N 669 und N676 nach Le Signal De Botrange
GPS: 50.501611 6.093389
Der einfache, geschotterte Stellplatz ohne jegliche Einrichtung liegt auf einem Wanderparkplatz am Waldrand und ist kostenlos. Ausgangspunkt für Wanderungen in die Moor- und Heidegebiete des Hohen Venn. Restaurant am Platz

STELLPLATZ ROETGEN

ADRESSE: Bahnhofstraße, 52159 Roetgen, Tel. 02471/18 43, info@roetgen-touristik.de, roetgen-touristik.de
ANFAHRT: Von Aachen auf der B 258 nach Roetgen
GPS: 50.648639 6.184778
Der einfache Stellplatz ohne jegliche Einrichtung liegt direkt am Vennbahn-Radweg und ist kostenlos. Restaurants und Einkaufsmöglichkeiten sind in der Nähe. Ausgangspunkt für Fahrradtouren nach Monschau (13 Kilometer), nach Aachen (19 Kilometer) und in das nahe Hohe Venn.

CAMPING WESERTAL

ADRESSE: Rue de l'Invasion 68r, B-4837 Baelen-Membach, Tel. 0032/(0)87/30 17 36, mail@camping-wesertal.com, camping-wesertal.com
ANFAHRT: Von Aachen auf der B 57 und N 68 nach Eupen und dort auf der N 629 zum Campingplatz
GPS: 50.612222 6.01125

Der Campingplatz Du Lac liegt direkt am See.

Der kleine, naturbelassene Platz am Waldrand ist einfach ausgestattet und hat von April bis Oktober geöffnet. Eupen mit Restaurants und Geschäften ist drei Kilometer entfernt. Eine Bushaltestelle befindet sich vor dem Campingplatz. Guter Ausgangspunkt für Wanderungen in das nahe Hohe Venn. Nach Aachen und nach Monschau sind es 22 Kilometer. In 500 Metern Entfernung ist der Camping Hertogenwald.

CAMPING DU LAC

ADRESSE: Route des Bains 33, B-4950 Robertville,
Tel. 0032(0)476/60 78 55, info@campinglaplage.be,
campinglaplage.be
ANFAHRT: Von Monschau auf der B 399 und in Belgien auf der N 669 und N647 zum Lac de Robertville
GPS: 50.448694 6.117472
Der idyllische Platz liegt direkt am Stausee von Robertville in ruhiger Lage in waldreicher Umgebung und ist ganzjährig geöffnet. Moderne Sanitärräume mit Spüleinrichtungen, Chemie- und Abwasserausguss sind vorhanden. Wäscheservice. Auf dem Platz befinden sich ein Restaurant, ein kleiner Supermarkt, ein Bootsverleih und ein beheiztes Schwimmbad. Das Dorf Robertville mit Restaurants und Touristinformation ist 800 Meter entfernt. Guter Ausgangspunkt für Wanderungen und Radtouren.

IM NATIONALPARK EIFEL

Genuss zwischen Wald, Wasser und Wildnis

Burg Hengebach wacht über Heimbach.

4

Ausgedehnte Wälder und offene Landschaften sind im Nationalpark auf dem Weg zurück zur Wildnis. Eingebettet in diese Natur aus zweiter Hand lockt das glitzernde Blau des Rursees. Der Stausee ist das ideale Gebiet für Wassernixen und Wassersportler um einen erholsamen Urlaub zu erleben.

NATIONALPARK EIFEL

Im Jahr 2004 wurde der einzige Nationalpark in Nordrhein-Westfalen gegründet. Er umfasst eine Fläche von 107 Quadratkilometern, von denen fast ein Drittel die kahle Dreiborner Hochfläche einnimmt. Das Schutzgebiet grenzt im Nordwesten an den Rurstausee und umfasst die Urfttalsperre, aber nicht die NS-Ordensburg Vogelsang und den Rurstausee. Es bestehen durchaus Interessenskonflikte zwischen Naturschutz, Tourismus und Kommerz. Besucher werden auf 240 Kilometern Wanderwege und 100 Kilometern Radwege verwiesen, um der Natur Raum zu geben. Außer den Rundwanderwegen mit bestimmten Themen führt der 85 Kilometer lange Wildnis-Trail durch den gesamten Nationalpark (wildnis-trail.de). Wanderer bekommen einen Eindruck davon, wie die Entwicklung der Natur ohne Einfluss des Menschen vor sich geht.

Das Gebiet besteht aus Laub- und Nadelwäldern, Seen, Bächen und offenen Grasflächen. Ein großes, zusammenhängendes Waldgebiet mit hohem Buchenanteil ist der Wilde Kermeter. Bei den Wäldern handelt es sich überwiegend um den Waldtyp Hainsimsen-Buchenwald, der ursprünglich große Teile Mitteleuropas bedeckte. Darin leben unter anderem Rothirsche, Wildkatzen, Schwarzstörche und Uhus. Im Nationalpark Eifel wurden 10 549 Tier- und Pflanzenarten nachgewiesen.

STERNENPARK

Weil es im Nationalpark Eifel nachts richtig dunkel wird, kann man die Sterne deutlich sehen kann. Daher bekam der Nationalpark von der International Dark-Sky-Association die Anerkennung als Internationaler Sternenpark Nationalpark Eifel. Eins der Ziele ist es, die Natur vor den Belastungen durch künstliches Licht zu schützen (sternenpark-nationalpark-eifel.de).

4

BESUCHEREINRICHTUNGEN

Das Nationalparkzentrum mit der Erlebnisausstellung Wildnis(t)räume befindet sich am Vogelsang IP (IP = Internationaler Platz) in der ehemaligen NS-Ordensburg Vogelsang. Die Ausstellung bietet vielfältige Sinneseindrücke und lädt dazu ein, mehr über den Nationalpark-Gedanken und die Dynamik der Natur zu erfahren. Die fünf Nationalpark-Tore Rurberg, Gemünd, Heimbach, Höfen und Nideggen fungieren als Touristinformationen. Sie bieten neben Grundinformationen in Form einer Nationalpark-Ausstellung unterschiedliche Schwerpunktthemen an. Sowohl im Nationalparkzentrum als auch in den Nationalpark-Toren können Führungen mit Nationalpark-Rangern gebucht werden. Außerdem gibt es einige Nationalpark-Infopunkte, die umfangreich Auskunft geben (nationalpark-eifel.de).

GEMÜND

Gemünd ist Ortsteil von Schleiden und liegt am Rand des Nationalparks am südlichen Ausläufer des Kermeter Waldes. Der Ort ist Erholungs- und Urlaubsort und bildet mit seinem Nationalpark-Tor ein Eintrittsportal zum Nationalpark. Gemünd wurde im Zweiten Weltkrieg weitgehend zerstört und zeigt sich heute in einer Bausubstanz aus dem 20. Jahrhundert.

◀ Das Dürener Tor in Nideggen ▶ Fachwerkhäuser in Heimbach

◀ Treppenturm an der Burg Nideggen ▶ Burg Hengebach über Heimbach

HEIMBACH

Die Stadt Heimbach liegt ebenfalls am Rand des Nationalparks, aber am nördlichen Ende des Kermeter. Die Stadt ist Erholungs- und Urlaubsort und verfügt auch über ein Nationalpark-Tor. Heimbach besitzt zudem einige Bauwerke und Gassen aus der Vergangenheit und ist auch deshalb ein beliebter Ausflugsort. Die mittelalterliche **Burg Hengebach** wacht seit dem 11. Jahrhundert über die Straße durch das heutige Heimbach. Teile der Burg können besichtigt werden.

Das Kraftwerk Heimbach wurde 1905 im Jugendstil erbaut und ist bis heute in Betrieb. Messing, Marmor und Mahagoni sind die Materialien der Armaturen auf der Leitwarte. Von Heimbach fährt auch ein Touristenzug zum Kraftwerk. Zur Besichtigung meldet man sich unter Tel. 0800/883 38 30 an (Kleestraße, 52396 Heimbach).

Tipp

ABTEI MARIAWALD

Ein strenges Klosterleben für die Mönche des Trappistenordens spielte sich einst im Kermeter Wald hoch über dem Staubecken Heimbach ab. 1470 hatte ein frommer Mann aus Heimbach im Wald ein Marienbild aufgestellt und später eine Einsiedelei gegründet. Bald wurde eine erste Kirche gebaut und Zisterzienser übernahmen in dem erstandenen Kloster die Betreuung der Wallfahrt. 1795 wurde unter französischer Herrschaft das Kloster aufgehoben und verfiel. 1861 kamen Trappistenmönche nach Mariawald und begannen mit dem Wiederaufbau der Klosteranlage. Im

Das Kraftwerk Heimbach ist ein Industriedenkmal.

Zweiten Weltkrieg wurde das Kloster weitgehend zerstört, später aber wiederaufgebaut. Oberhalb des Klosters befindet sich die Kriegsgräberstätte Heimbach, in der über 400 Tote aus den Kämpfen am Westwall begraben liegen. Im Jahr 2018 wurde das Kloster mangels Mönchen geschlossen. Heute gehört es dem Verein Trappistenkonvent Mariawald, der eine Gaststätte, Klosterladen und eine Likörfabrik betreibt. Jeden Sonntag wird um 14 Uhr eine Führung angeboten (kloster-mariawald.de). Die Abtei ist auch mit dem Bus Linie 231 von Heimbach oder von Schleiden aus zu erreichen.

EINE SCHÖNE WANDERUNG führt von Heimbach und vorbei an der Burg Hengebach auf dem Kreuzweg hinauf zur Abtei Mariawald. Die Runde lässt sich mit dem Jugendstil-Kraftwerk von 1905 am Staubecken Heimbach verbinden. Auf einem schönen Uferweg verläuft der Weg zurück nach Heimbach. So werden in etwa drei Stunden neun Kilometer auf einem Höhenunterschied von 280 Metern überwunden.

EIFELER SEENPLATTE

Die Rurtalsperre oder Eifeler Seenplatte wird durch den Rursee, den Obersee und den Urftsee gebildet. Der Obersee ist ein Trinkwassersee. Für Urlauber gibt es vor allem am Rurstausee Wasserspaß in vielen Formen. Neben Badestränden, Bootsverleih und Ausflugsgaststätten erfreuen sich Touristen an der Schiff-Fahrt auf der Eifeler Seenplatte. Die Schiffe verkehren auf dem Rursee zwischen Schwammenauel vor Heimbach und Rurberg im Westen. Die Linie auf dem Obersee fährt zwischen Rurberg, Einruhr und Urftstaumauer. Außerdem gibt es noch verschiedene Rund- und Themenfahrten (rursee-schifffahrt.de).

4

VOGELSANG IP

Die ehemalige Ordensburg Vogelsang wurde von den Nationalsozialisten als Schulungsstätte für den Nachwuchs des NSDAP-Führungskaders gebaut und mit 16 Bunkern des Westwalls gesichert. Nach dem Zweiten Weltkrieg war das Gelände belgischer Truppenübungsplatz. Zu diesem Zweck musste das Dorf Wollseifen geräumt werden. In dem Dorf stehen heute nur noch die Kirche und die Schule. Der Truppenübungsplatz ist nun Teil des Nationalparks und durch Rad- und Wanderwege erschlossen. Seit 2006 ist die NS-Ordensburg wieder der Öffentlichkeit als Vogelsang IP (Internationaler Platz) zugänglich. Der Gebäudekomplex wurde neuen Nutzungen zugeführt, die als Internationaler Platz für Toleranz, Vielfalt und friedliches Miteinander stehen. Heute ist Vogelsang IP ein Ausstellungs-, Kultur- und Bildungszentrum und ein Tagungs- und Veranstaltungsort. Inmitten des historischen Adlerhofes wurde ein modernes Forum gesetzt, über das Besucher in die Ausstellungen gelangen. Dazu gehört zum einen die NS-Dokumentation **Bestimmung: Herrenmensch. NS-Ordensburgen zwischen Faszination und Verbrechen** und zum anderen die Erlebnisausstellung **Wildnis(T)räume** des Nationalparkzentrums Eifel. Es werden auch Führungen über das Gelände und ein Aufstieg auf den ehemaligen Wasserturm angeboten (vogelsang-ip.de).

Morgenstimmung über der Abtei Mariawald

4

ZUR WÜSTUNG WOLLSEIFEN. Auf dem ehemaligen Truppenübungsplatz um die Wüstung Wollseifen ist ein gutes Wandergebiet in ausgedehnter Landschaft mit Weitblick entstanden. Vom Parkplatz Walberhof an der B 266 gehen wir in Richtung Wollseifen und kommen dann zu den Gebäuden der Vogelsang IP mit Blick bis zum Urftstausee. Dann geht es über den Aussichtshügel Modenhübel zum Dorf Morsbach mit guter Einkehrmöglichkeit. Der Rundweg hat eine Länge von zehn Kilometern.

IN EINEM SCHÖNEN FACHWERK-BAUERNHAUS aus dem Jahr 1720 gibt es ein empfehlenswertes Bauerncafé. Der Morsbacher Hof ist authentisch eingerichtet und glänzt mit einer urigen Atmosphäre, Kuchenkreationen und kleinen Speisen. Eine Reservierung ist notwendig (Morsbach 20, 53937 Schleiden-Morsbach, Tel. 02444/91 29 65, das-bauerncafe.de).

SCHLEIDEN-OLEF

Südlich des Nationalparks ist das kleine Dorf Olef ein Juwel für Freunde des Fachwerks. Der Ort und die Kirche existieren seit dem 13. Jahrhundert. Die Fachwerkhäuser stammen aus dem 17. und 18. Jahrhundert. Die Schienen der Museumsbahn Oleftalbahn verlaufen direkt über den Dorfplatz, sodass bei der Durchfahrt ein Rangierer mit Warnflagge vorausgehen muss.

NIDEGGEN

Nördlich des Nationalparks ist in der Stadt Nideggen ein Besuch ratsam. Die ehemalige Herzogstadt und ihre Burg aus dem 12. Jahrhundert stehen auf mächtigen Buntsandsteinfelsen. Der historische Stadtkern besteht aus sehenswerten Fachwerk- und Buntsandsteinhäusern und strahlt Gemütlichkeit aus. Die Stadt ist eingerahmt von Stadttoren und Stadtmauer. Allerdings sind die meisten Gebäude nach dem Zweiten Weltkrieg neu aufgebaut worden, denn die Bausubstanz der Stadt war zu 90 Prozent zerstört. Eine der romantischen Gassen führt vom Marktplatz zur starken Burganlage mit ihrem Bergfried hinauf. Vor der Burg fällt aber zunächst die romanische Pfarrkirche Sankt Johannes Baptist aus

Die Abtei Mariawald wurde mehrfach wiederaufgebaut.

dem 13. Jahrhundert auf. Sehenswert sind die restaurierten Fresken, die zu den ältesten Deutschlands zählen. Von der Burg hat man einen tollen Blick auf das Rurtal. Die Festung hat gewaltige Ausmaße und beherbergt ein **Burgenmuseum**.

DIE WUNDERBARE BUNTSANDSTEINROUTE ist fast 40 Kilometer lang. Die Pfade führen durch märchenhafte Felsenwelten in urigen Wäldern mit vielen Aussichten. Da sie in etwa parallel zur Rurtalbahn verläuft, sind individuelle Touren mit Rückfahrt planbar. So könnte auch eine Tour am Nationalpark-Infopunkt in Zerkall beginnen und nach Nideggen hinaufführen. Als Rundtour werden in 7,5 Kilometern 200 Höhenmeter überwunden und dabei kann noch Nideggen mit der Burg besichtigt werden.

DER RURUFER-RADWEG verläuft über 162 Kilometer durch drei Länder entlang der Rur. Die Quelle ist im Hohen Venn bei Botrange in Belgien. Die Mündung in die Maas liegt in den Niederlanden. Die Wegstrecke ist sowohl landschaftlich als auch kulturell abwechslungsreich. Monschau und Nideggen liegen an der Strecke (rurufer-radweg.de).

AUF EINEN BLICK

Info

STADT/REGION: Nationalpark Eifel
BESTE REISEZEIT: April–Oktober
OPTIMALE REISEDAUER: 2–3 Tage
TOURISTINFO: An der Laag 4, 52396 Heimbach, Tel. 02446/8 05 79 14, nationalpark-eifel.de, rureifel-tourismus.de

STELLPLATZ HEIMBACH

ADRESSE: An der Laag 4, 52396 Heimbach, Tel. 02446/14 97, info@wohnmobilhafen-heimbach.de, wohnmobilhafen-heimbach.de
ANFAHRT: Von der A 1 Ausfahrt 111 Wißkirchen und auf der B 266 und B 265 nach Heimbach
GPS: 50.636583 6.473222

Der ganzjährig geöffnete, gepflasterte Platz liegt zwischen Straße und Bahnlinie am Bahnhof und Nationalparktor Heimbach. Restaurants und Geschäfte sind nahe. Wasser, Strom und Entsorgung möglich. Zentrum und Burg Hengebach sind einen Kilometer entfernt. Zum Rursee sind es vier Kilometer. Guter Ausgangspunkt für Wanderungen zur Abtei Mariawald oder um das Staubecken Heimbach.

STELLPLATZ VOGELSANG

ADRESSE: Burg Vogelsang, Vogelsang 40, 53937 Schleiden, Tel. 0157/71 94 10 65, info@eifel-wohnmobilpark-vogelsang.de, eifel-wohnmobilpark-vogelsang.de
ANFAHRT: Von der A 1 Ausfahrt 113 Nettersheim und auf der B 477 und B 266 nach Vogelsang
GPS: 50.579556 6.444444

Der ganzjährig geöffnete, gekieste Platz ist von Wald umgeben. Wasser und Entsorgungseinrichtungen sind vorhanden. Zur Bushaltestelle sind es 500 Meter und zu den Museen in der NS-Burg Vogelsang 1 Kilometer. Restaurants und Geschäfte befinden sich im 8 Kilometer entfernten Gemünd oder Schleiden. Guter Ausgangspunkt für Wanderungen zur Wüstung Wollseifen und Urftstausee im Nationalpark Eifel. Der Wildnistrail des Nationalparks führt direkt am Platz vorbei.

◀ Der Stellplatz Heimbach liegt am Bahnhof. ▲ Der Stellplatz Vogelsang im Nationalpark ▼ Auf dem Uferweg am Staubecken Heimbach

CAMPINGPLATZ HETZINGEN

ADRESSE: Campingweg 1, 52385 Nideggen, Tel. 02427/5 08, info@campingplatz-hetzingen.de, campingplatz-hetzingen.com

ANFAHRT: Von der A 1 Ausfahrt 111 Wißkirchen und auf der B 266 und B 265 nach Nideggen

GPS: 50.685111 6.469889

Der Campinglatz an der Rur mit Blick zur Burg Nideggen verfügt über parzellierte und mit Stromanschluss ausgestattete Plätze. Komfortstellplätze bieten überdies Wasser- und Abwasseranschluss. Die Sanitärgebäude sind mit WC, Duschen und Waschkabinen ausgestattet. Außerdem gibt es Entsorgungseinrichtungen, Waschmaschinen und Wäschetrockner. Auf dem Platz befinden sich ein kleiner Supermarkt und ein Restaurant. Im 2 Kilometer entfernten Nideggen gibt es Restaurants und Geschäfte. Guter Ausgangspunkt für Wanderungen und Radtouren entlang der Rur oder auf der Sandsteinroute. Zum Rursee sind es 11 Kilometer und zur NS-Burg Vogelsang 30 Kilometer. In Hetzingen befinden sich weitere Campingplätze. In Nideggen ist ein Wohnmobilstellplatz in Planung.

IM EIFELER KALKKUPPENLAND

Römer und historische Orte

Die Kirche Sankt Martin in Nettersheim

5

Die Kalkmulden und die Kalkkuppen sind wegen der Versteinerungen und der fruchtbaren Böden eine berühmte Landschaft in der nördlichen Eifel. Wanderer erleben aussichtsreiche Höhen und eine reiche Tier- und Pflanzenwelt in üppigen Wäldern. Höhepunkte sind die Kakushöhlen im Kartstein-Sintermassiv.

Im Erdzeitalter des Devons, vor 350 bis 400 Millionen Jahren, lag das Gebiet der heutigen Kalkeifel in der Nähe des Äquators und war von einem warmen Urmeer bedeckt. Das war noch lange vor Entstehung der berühmten Eifeler Vulkane. Im Meer entstanden einst Korallenriffe und Kalkablagerungen auf dem Meeresgrund. Heute ist die räumlich nicht genau eingegrenzte Kalkeifel im Windschatten des Hohen Venn eine warme und trockene Landschaft. Daher findet sich hier eine reiche Kraut- und Strauchschicht mit auffallender Blütenpracht. Da die Landschaft sehr fruchtbar ist, hat sich in Gebieten mit Kalkböden eine frühe Besiedelung durchgesetzt.

BAD MÜNSTEREIFEL

Inmitten einer abwechslungsreichen Landschaft liegt das mittelalterliche Kleinod Bad Münstereifel mit fast vollständig erhaltener Stadtmauer und Burg. Die Ansiedlung entstand in der Folge einer Klostergründung im Jahr 830. Heute bietet das Kneippkurbad Bad Münstereifel ein vielfältiges Angebot an Kultur, Geschichte und Shoppingerlebnis. Das **Tor zur Eifel**, wie sich die Stadt nennt, besitzt eine Fülle an historischen Bauten, verwinkelten Gassen und romantischen Plätzen.

SEHENSWERTES IN BAD MÜNSTEREIFEL

Im 13. Jahrhundert entstand die gut erhaltene **Stadtmauer** mit den vier Toren. Die Mauer ist zum Teil begehbar und bietet einen tollen Panoramablick über die Stadt. Vom großen Parkplatz und Wohnmobilstellplatz im Süden betritt man durch das wuchtige **Orchheimer Tor** die Stadt. Gediegene Fachwerkhäuser lassen auf den einstigen Reichtum der Bürger schließen. Das barocke **Windeckhaus** zeigt eine aufwendige Schnitzwerk-Fassade. In der Stadt befinden sich auffallend viele Geschäfte. 30 Läden bilden das **City Outlet Bad Münstereifel**, es ist damit das erste deutsche innerstädtische Factory-Outlet Center. Am Ende der Orchheimer Straße folgen wir dem Flüsschen Erft flussabwärts, am Brauhaus mit dem Ecktürmchen vorbei. In der Wertherstraße 13 ist das Schwanen Apotheken-Museum (Tel. 02253/54 22 44). Auf der rechten Seite thront die Burg aus dem 14. Jahrhundert über der Erft. Am Ende der Wertherstraße steht das Werther Tor. Es war früher ein Gefängnis und ist heute Sitz des Natur- und Landschaftsmuseums. Eine wichtige Sehenswürdigkeit ist das Romanische Haus aus dem 12. Jahrhundert. Es ist eines der ältesten Häuser im Rheinland und am Klosterplatz zu finden.

DAS HÜRTEN-HEIMATMUSEUM im 850 Jahre alten Romanischen Haus zeigt Gegenstände und Dokumente zur Stadtgeschichte in einem Wohnhaus des einstigen Großbürgertums. Von besonderem Interesse sind Artefakte aus der Jungsteinzeit, Kelten-, Römer- und Frankenzeit in der archäologischen Abteilung (Langenhecke 6, Tel. 02253/80 27).

An der Erft in Bad Münstereifel

Am Freilinger See

Nicht nur Kinder freuen sich über die ausgestellten Spielsachen im Museum für Puppen und Spielzeug (Alte Gasse 28, Tel. 02253/54 38 81, museum-puppen-und-spielzeug.de). Eine der Hauptsehenswürdigkeiten von Bad Münstereifel ist die romanische Basilika Sankt Chrysanthus und Daria am Klosterplatz aus dem Jahr 1100. Reliquien des römischen Märtyrerehepaares Chrysanthus und Daria machte die Kirche bereits im 9. Jahrhundert zu einem bedeutenden Wallfahrtsort. In der Marktstraße steht das sehenswerte gotische Rathaus aus dem 15. Jahrhundert. Durch die enge Heisterbacher Straße und durch das Heisterbacher Tor können wir an der südwestlichen Ecke der Altstadt wieder aus der Stadt hinaustreten. Im nördlichen Stadtteil Iversheim wurde eine antike Kalkfabrik ausgegraben, die einst von römischen Legionären betrieben wurde. Die Römische Kalkbrennerei bestand aus sechs Kalköfen. Die Anlage wird als eine der bedeutendsten archäologischen Fundstätten aus der Römerzeit nördlich der Alpen bezeichnet (Kalkarer Weg, 53902 Bad Münstereifel-Iversheim, Tel. 02253/54 22 44, dvi-iversheim.de).

DER MICHELSBERG

In der hügeligen Landschaft um Bad Münstereifel finden sich schöne Wanderwege und Mountainbike-Strecken. Den 586 Meter hohen Michelsberg südöstlich von Bad Münstereifel bevölkerten Menschen bereits in der Steinzeit. Zahlreiche Artefakte belegen, dass schon vor mindestens 7000 Jahren Menschen als Jäger und Sammler in dieser Gegend lebten. In vorchristlicher Zeit gab es hier eine Gerichts- und Kultstätte. Seit dem Spätmittelalter wurde der Michelsberg wegen der Kapelle aus dem Jahr 1500 ein viel besuchter Wallfahrtsort. Ein kurzer Aufstieg belohnt mit einem weiten Blick nach Südosten bis in die Vulkaneifel mit Hoher Acht, Nürburg und Aremberg. In Richtung Westen reicht die Sicht über die Hügel der Kalkeifel bis in das Hohe Venn.

◀ Das Korallenriffaquarium ▶ Reste des Tempelbezirks Görresburg

DIE SCHATTIGE RUNDWANDERUNG Eifelschleife Scheidbachtal durch das malerische Schleidbach- und Schießbachtal ist sieben Kilometer lang und beginnt im Kurpark Bad Münstereifel. Höhepunkte sind die Urwaldparzelle am Haarscheider Kopf und der frei zugängliche Wildpark (bad-muenstereifel.de/leben-in-bad-muenstereifel/leben-wohnen/sport-freizeit/wanderwege).

Der Astropeiler Stockert wurde ursprünglich für Forschungszwecke genutzt. Er steht in der Kalkkuppen-Landschaft nordwestlich von Bad Münstereifel und war zur Zeit seiner Erbauung 1956 das größte Radioteleskop der Welt. Er kann in einer Führung besichtigt werden (Am Stockert 2-4, 53902 Bad Münstereifel, astropeiler.de).

BLANKENHEIM

Blankenheim ist wohl eine der hübschesten Gemeinden der Nordeifel. Im überschaubaren Ort herrscht mit Fachwerkhäusern, Toren und Burg mittelalterliche Idylle. Im Zentrum befindet sich die Touristinformation mit dem **Eifelmuseum** und dem gegenüberliegendem **Gildehaus**, das sich mit den Römern in Blankenheim befasst. Das Eifelmuseum versteht sich als ein Museum der Region, das die Landschaft, den Naturraum und die Menschen in ihrer historischen Entwicklung darstellt (blankenheim.de/de/freizeit/kultur/museen/das-eifelmuseum). Weiter nach Norden, am Gildehaus vorbei, findet man in der Sackgasse An der Ahrquelle auf der rechten Seite die **Ahrquelle**. Für Fußgänger ist das Sträßchen An der Ahrquelle keine Sackgasse, denn vor der Quelle führt rechts eine kleine

Treppe zur Straße Am Hirtenturm hinauf. Links befindet sich das malerische **Hirtentor** aus dem 15. Jahrhundert. Noch weiter draußen bewacht das Sankt Georgstor aus dem 15. Jahrhundert die Zufahrt der Ahrstraße. Rechts vom Hirtentor wird die Straße Am Hirtenturm zum Zuckerberg, der zur Burg hinaufführt. Von der Straße aus ist rechts auch die **Kirche Mariä Himmelfahrt** aus dem 15. Jahrhundert mit aufwendig geschnitzten neugotischen Altären zu besichtigen. Oberhalb der Kirche steht am Zuckerberg auf der linken Seite das **schmalste Haus** mit nur 1,90 Meter Breite. Ein weiteres Fachwerkhaus hat auffällig durchgebogene Balken. Die Blankenheimer Burg entstand im 12. Jahrhundert als Sitz der Grafen von Blankenheim. Nach vielen Umbauten durch die Jahrhunderte wurde die mittelalterliche Burg zu dem barocken **Blankenheimer Schloss**, das heute als Jugendherberge genutzt wird. Dazu gehörte ein prächtiger barocker Garten mit Orangerie, von dem allerdings nichts mehr erhalten ist. Das Schloss wurde durch den Bau einer Wasserleitung im **Tiergartentunnel** mit Wasser versorgt.

AUF DEM TIERGARTENTUNNEL-WANDERWEG Der interessante Teil B des Tiergartentunnel-Wanderwegs ist 15 Kilometer lang und führt an den Stellen des historischen Baus vorbei: An verschiedenen Orten gibt es Einblicke in das Mundloch, in die Profile des Tunnels und in den Sammler am ehemaligen Barockgarten (blankenheim.de/de/freizeit/touren/wandern).

In den Feldern bei Nettersheim

5

Erwähnenswert ist die **Villa Rustica** in der Blankenheimer Straße In den Alzen. Es sind nur noch die Grundmauern vorhanden, jedoch zeigt eine Metallkonstruktion die beachtlichen Ausmaße des römischen Gutshofes mit dem 60 Meter langen Haupthaus. Erquickung und Badespaß gibt es im zehn Kilometer südöstlich von Blankenheim gelegenen **Freilinger See**. Die attraktive Lage und die ausgezeichnete Wasserqualität locken im Sommer viele Gäste an (blankenheim.de).

DER 22 KILOMETER LANGE RADWEG VIA VELO ist ein abwechslungsreicher Rundweg für die ganze Familie. Im Wesentlichen verbindet er Blankenheim mit Nettersheim. Der Verlauf orientiert sich entlang der römischen Agrippastraße und führt an einigen archäologischen Stätten vorbei (blankenheim.de/de/freizeit/touren/radfahren).

Tipp

Wer den Höhenrausch liebt und den Nervenkitzel beim Sprung aus 4000 Metern Höhe sucht, ist am Fallschirmsprungplatz am Flugplatz Dahlemer Binz südöstlich von Blankenheim richtig. Beim Tandemspringen gelangt man zusammen mit einem Sprunglehrer mit 200 km/h in fast einer Minute Fallzeit sicher zum Boden. Vor dem Flugplatz befindet sich ein Wohnmobilstellplatz (Fallschirmsport Sky-Fun, 53949 Dahlem, Tel. 0221/50 06 78 80, sky-fun.de).

◀ In der Abtei Steinfeld ▶ Am Grab des Hermann Joseph von Steinfeld

◀ Das Sammelbecken der Wasserleitung in Eiserfey ▶ In den Kakushöhlen

NETTERSHEIM

Der hübsche Fachwerkort Nettersheim liegt in einer Kalkmulde mit vielen Zeugnissen der römischen Geschichte und Erdgeschichte. Bekannt ist Nettersheim heute durch das **Naturzentrum Eifel** und das **Haus der Fossilien** (naturzentrum-eifel.de, Tel. 02486/12 46). Im Naturzentrum Eifel sind Ausstellungen zu Natur, Archäologie sowie Erd- und Kulturgeschichte zu sehen. Im **Korallenriff-Aquarium** werden Fische, Anemonen, Seesterne und Seepferdchen gezeigt und damit die Unterwasserwelt des Urmeeres vor 380 Millionen Jahren im Gebiet Nettersheims. Auf dem Fossilienacker südlich des Ortes können alle ihr Glück versuchen. Wanderungen durch die Felder und Wälder der Umgebung erschließen archäologische Stätten von großem Wert. Nettersheim besitzt in der Urftstraße auch einen Wohnmobilstellplatz.

DIE WANDERUNG »ARCHÄOLOGIE ENTDECKEN« im Archäologischen Landschaftspark Nettersheim führt zu bedeutenden Relikten der römischen Kultur. Drei davon sind die Brunnenstube Grüner Pütz, eine Quellfassung der Wasserleitung nach Köln zu einem spätrömischen Kastell und der Tempelbezirk Görresburg. Die Rundtour ist 13 Kilometer lang und verläuft zum Teil auf der alten Römerstraße (naturzentrum-eifel.de/aktiv-draussen/nettersheim-tours.html).

Die Burg Satzvey stellt romantisiertes Rittertum dar.

IM ALTEN FACHWERKHAUS Bäckerei-Café zur Römerquelle lässt es sich nicht nur gut einkehren, dort gibt es auch verschiedene leckere Vollkornbrote und natürlich eine Auswahl an Kuchen, Gebäck und deftigem Frühstück (Café Zur Römerquelle, Rosenthalstrasse 1, Tel. 02486/13 94, cafe-zur-römerquelle.de).

KLOSTER STEINFELD

Südlich von Kall befindet sich eines der am besten erhaltenen klösterlichen Baudenkmäler des Rheinlandes. Die geschichtlichen Anfänge des Salvatorianer Klosters Steinfeld reichen mehr als 1000 Jahre zurück. Die **Basilika** wurde im frühen 12. Jahrhundert im romanischen Stil erbaut. Spätere Umbauten in der Kirche lassen aber auch Einflüsse von Gotik, Renaissance und Barock erkennen. Die Basilika enthält das Grab des Heiligen Hermann Joseph von Steinfeld. Laut einer Sage soll er dem

Jesuskind einen Apfel angeboten haben, weshalb Pilger stets Äpfel an seinem Grab niederlegen. Im Café des Klosters gibt es selbstgebackenen Kuchen und Steinfelder Klosterbrot (kloster-steinfeld.com).

MECHERNICH

Die ehemalige Bergbaustadt basiert möglicherweise auf den Bergbautätigkeiten der Römer und Kelten. Das **Bergbaumuseum** in der Bleibergstraße 6 erinnert an die Zeit des Bergbaus (bergbaumuseum-mechernich.de). Für Kinder gibt es im Besucherbergwerk Schatzsuch-Aktionen. Durch Ortsteile der Stadt führt die römische Wasserleitung nach Köln. Ein Zeugnis ist die rekonstruierte **Aquäduktbrücke in Vussem** in der Titusstraße. Ein **Sammelbecken der Wasserleitung** ist in Eiserfey in der Hauserbachstraße zu besichtigen. Im Mechernicher Stadtteil Satzvey ist eine der am besten erhaltenen Wasserburgen der Eifel, die gleichnamige **Burg Satzvey**. Heute ist Burg Satzvey durch die jährlich stattfindenden Ritterspiele weit bekannt. In der Burg befinden sich ein Biergarten, eine Burgbäckerei und eine Senfmühle (burgsatzvey.de).

Die fantastischen Kakushöhlen im Mechernicher Ortsteil Dreimühlen entstanden durch Auswaschungen der Kalksinterfelsen. Sie wurden schon in der Frühzeit der Menschheitsgeschichte besiedelt und zählen zu den bedeutenden prähistorischen Fundstätten in Europa (mechernich.de/tourismus-freizeit/die-kakushoehle).

Im Hochwildpark Rheinland haben Kinder ihre Freude an einheimischen Wildtieren und am Streichelzoo – und Eltern am Biergarten (Becherhofer Weg 71, 53894 Mechernich, Tel. 02443/65 32, hochwildpark-rheinland.de).

IM FREILICHTMUSEUM KOMMERN sind alte Gebäude wiederaufgebaut. Es gibt einen Tante-Emma-Laden, Pferde, Esel, Schafe, Schweine, Rinder und Hühner. Beachtenswert ist auch der historische Ortskern von Kommern (Auf dem Kahlenbusch, 53894 Mechernich, Tel:02443/9 98 00, kommern.lvr.de).

AUF EINEN BLICK

Info

STADT/REGION: Bad Münstereifel, nördliche Kalkeifel
BESTE REISEZEIT: April–Oktober
OPTIMALE REISEDAUER: 2–3 Tage
TOURISTINFO: Kölner Straße 13, 53902 Bad Münstereifel, Tel. 02253/54 22 44 und Werther Straße 15, Tel. 02253/76 31, touristinfo@bad-muenstereifel.de, bad-muenstereifel.de

STELLPLATZ BAD MÜNSTEREIFEL

ADRESSE: Dr.-Greve-Straße 16, 53902 Bad Münstereifel, Tel. 02253/54 24 50, m.rosenfeld@bad-muenstereifel.de, bad-muenstereifel.de/tourismus-freizeit/freizeit-familienangebote/eifelbad
ANFAHRT: Von der A 1 Ausfahrt 112 Mechernich und auf der L 165 nach Bad Münstereifel
GPS: 50.545028 6.765806
Der gekieste, ganzjährig geöffnete Platz ist am Eifelbad und an der Erft in ruhiger Lage im Süden der Stadt. Stromanschlüsse, Wasser und Entsorgungseinrichtungen sind vorhanden. WC und Dusche möglich. Auf dem Fußweg entlang der Erft sind es 1,5 Kilometer ins historische Zentrum mit Restaurants, Museen und Geschäften. Ein Supermarkt ist 500 Meter weit entfernt. Guter Ausgangspunkt für Wanderungen und Radtouren in weite Waldgebiete der Umgebung.

STELLPLATZ BLANKENHEIM AN DER WEIHERHALLE

ADRESSE: Koblenzer Straße 1, 53945 Blankenheim, Tel. 02449/872 22, touristinfo(@)blankenheim.de, blankenheim.de
ANFAHRT: Von der A 1 Ausfahrt 114 Blankenheim und auf der B 51 und B 258 nach Blankenheim
GPS: 50.43525 6.654889
Der gekieste, ganzjährig geöffnete Platz befindet sich in ruhiger Lage im Wald im Süden des Ortes. Stromanschlüsse, Wasser und Entsorgungseinrichtungen sind vorhanden. Das historische Zentrum mit Burg, Restaurants, Museum und Geschäften ist einen Kilometer

▲ Landschaft bei Eschweiler unterhalb des Stockert ◀ Der Stellplatz Blankenheim ▶ Der Eifel Camp liegt am Freilinger Badesee.

(über einen Fußweg) entfernt. Zur Villa Rustica sind es 2 Kilometer. Auf dem Radweg Via Velo sind es nach Nettersheim 22 Kilometer auf einem Rundkurs hin und zurück.

CAMPINGPLATZ EIFEL CAMP

ADRESSE: Am Freilinger See 1, 53945 Blankenheim-Freilingen, Tel. 02697/282, eifel-camp@freizeit-oasen.de, eifel-camp.freizeit-oasen.de
ANFAHRT: Von der A 1 Ausfahrt 114 Blankenheim und auf der B 51 und B 258 durch Blankenheim zum Freilinger See
GPS: 50.415444 6.71875
Großzügig angelegte Terrassenplätze mit Stromanschlüssen und zum Teil mit Wasser. Moderne und komfortable Sanitäranlagen mit Einzelkabinen, Waschmaschine und Trockner. Restaurant und Kiosk auf dem Gelände. Je nach Standplatz 300 bis 800 Meter zur Liegewiese am See. In das historische Zentrum von Blankenheim mit Restaurants, Museum und Geschäften sind es 10 Kilometer. Vor dem Platz ist eine Bushaltestelle. Das untere Ahrtal ist 50 Kilometer entfernt.

NATURGENUSS IM OBEREN OURTAL

Im Deutsch-Belgischen Naturpark

Typische Landwirtschaft auf den Hochflächen im Islek

6

Der Deutsch-Belgische Naturpark ist eine bedeutende, grenzübergreifende Naturerlebnisregion. Steinzeithöhlen, Bauten der Römer, Burgen, Schlösser, Klöster und die Reste des Westwalls sind Zeugen der Geschichte. Die Hauptrolle spielt jedoch die Naturlandschaft mit ihrer Pflanzen- und Tierwelt.

Der Deutsch-Belgische Naturpark umfasst eine Fläche von 2.700 Quadratkilometern in Nordrhein-Westfalen, Rheinland-Pfalz und in der Wallonie in Ostbelgien. Der deutsche Teil wird auch als Naturpark Nordeifel bezeichnet und erstreckt sich über Teile der westlichen Hocheifel, Kalkeifel, Rureifel, Ausläufer des Hohen Venn und das Ourtal.
Dieses Reiseziel befasst sich nur mit dem oberen Ourtal zu beiden Seiten der Grenze und blickt auch schon ein wenig in den Deutsch-Luxemburgischen Naturpark hinein. In der Landschaft des oberen Ourtals begegnen dem Besucher auf seiner Suche nach Erholung Wald, Wasser, Berghöhen, gemütliche Gasthäuser mit traditionelle Küche und ansprechende Camping- und Reisemobilplätze. Der Flusslauf der Our ist geprägt von zahlreichen Windungen, eingefasst von schroffen Felsen in Steilufern und sumpfigen Auen. Die unverbauten Talböden bieten Lebensraum für seltene Pflanzen wie Schwarze Flockenblume, Bärwurz und Orchideen. Braunkehlchen, Eisvogel, Wasseramsel und Schwarzstorch finden an der Our und in den Seitentälern ihr Brutgebiet. Alte Mühlen säumen die Ufer der Our und erinnern an frühere Lebensformen der Region (naturparkhohesvenn-eifel.de).

DALEIDEN

Der schönste Ort im Bundesland Rheinland-Pfalz ist Daleiden in der Landschaft Islek nahe der Luxemburgischen Grenze. Zumindest wurde der staatlich anerkannte Erholungsort 1982 im Wettbewerb »Unser Dorf soll schöner werden« zum schönsten Dorf von Rheinland-Pfalz gewählt (daleiden.de). Der große, begrünte Platz mit hohen Bäumen bildet mit der Kirche Sankt Matthäus aus dem frühen 17. Jahrhundert ein schönes Ensemble. Der Turm der Kirche hat romanische Wurzeln und wird auf das Jahr 1331 datiert. Am Kirchplatz steht ein Pestkreuz aus dem Jahr 1623. Nach dem Ausbruch der Pest waren von den 36 Häusern in Daleiden nur noch 13 bewohnt. Das Haus Islek an der Kirche ist ein typisches Eifeler Quer-Einhaus, in dem historische, geologische und geografische Informationen der Region in einem Geländemodell gezeigt werden. Das Haus ist Museum und Bibliothek zugleich. Südöstlich des Zentrums steht auf einem Hügel eine offene Pfeilerrotunde. In den 1950er Jahren wurde dort für über 3000 im Zweiten Weltkrieg getötete Soldaten eine Kriegsgräberstätte errichtet. Sie wurden aus dem gesamten Eifel-Ardennen-Raum umgebettet. Von dort oben kann man das ganze Dorf Daleiden überblicken. Weiter unten steht an der Hauptstraße die Willibrorduskapelle mit barockem Altar, die auf das Jahr 1683 zurückgeht. Die Geschichte Daleidens reicht bis ins frühe Mittelalter zurück. Im 19. Jahrhundert wurde ein Bau aus spätrömischer Zeit ausgegraben, der vermutlich während der Normannenstürme im 6. Jahrhundert abbrannte. Daleiden im »Naturwanderpark delux« ist hauptsächlich wegen der umgebenden Landschaft bei Wanderern beliebt. Das romantische Irsental mit seinen tief eingeschnittenen und reich bewaldeten Seitentälern und die weite Fernsicht von den Höhen bieten dem Wanderer eine Fülle von Naturschönheiten. Besonders schön ist der Blick auf Irrhausen im Irsental. Sehr bekannt sind die Naturschutzgebiete »Ginsterheiden im Irsental« und »Tal der 1000 Schmetterlinge«.

◀ Die Ruinen der Burg Dasburg überragen den Ort.

▶ Die Kirche Sankt Matthäus stammt ursprünglich aus romanischer Zeit.

◀ Vielfalt in der Klappertopf-Wiese ▶ Baumweißling auf Distel

DIE WANDERUNG »EIFELGOLD ROUTE« ist 20 Kilometer lang, kann jedoch verkürzt werden. Startpunkt ist der Parkplatz an der B 410 in der Nähe des Irsental Campingplatzes. Die Ginsterheiden mit ihren Steppenrasen, Weißdorngebüschen und den im Frühjahr golden blühenden Ginsterbüschen begeistern Naturliebhaber. Ehemalige Mühlen beleben den malerischen Talgrund (naturwanderpark.eu/wanderwege/a-eifelgold-route).

IM TAL DER 1000 SCHMETTERLINGE Das Irsental ist berühmt wegen seiner fast 550 Schmetterlingsarten, von denen 145 auf der Roten Liste der vom Aussterben bedrohten Arten stehen. Im Tal der Schmetterlinge gibt es Rundwanderungen zwischen 9 und 14 Kilometer Länge. Startpunkt ist der Parkplatz an der B 410 in der Nähe des Irsental Campingplatzes (eifel.info/a-irsental-tal-der-1000-schmetterlinge).

DASBURG

Die mittelalterliche **Burg Dasburg** war auch für den heute romantischen Ort oberhalb der Our namensgebend. 1222 wurde die Burg erstmals urkundlich erwähnt. Das unscheinbare, sogenannte **»Haus Trost«** im Zentrum des historischen Ortes entpuppte sich kurz vor dem Abriss als spätmittelalterliches Wohnspeicherhaus aus dem Jahr 1472, was dendrochronologisch nachgewiesen wurde. Die **Kirche Sankt Jakobus der Ältere** wurde 1767 als Zentralbau errichtet. Die Ausstattung wurde im Stil des Rokoko ausgeführt (dasburg.de). Die Bewohner Dasburgs konnten sich einst von der Landwirtschaft allein nicht ernähren. Viele waren arme Taglöhner oder Waldarbeiter. Andere wanderten nach Amerika aus. Bis in die Neuzeit war der Schmuggel eine Einnahmequelle.

◀ Herbst in den Wäldern des Prümtals ▲ Einsame Wege im Prümtal
▼ Das Rote Waldvögelein ist eine Orchidee.

DASBURG IST DER IDEALE AUSGANGSORT für zahlreiche Wanderungen in malerischer Landschaft im wunderschönen Ourtal. Der Wanderweg von Grau zu Grün führt zu Orten der Geschichte des Westwalls aus der NS-Zeit. Auf drei Kilometern erfahren Wanderer auf dreizehn Schautafeln die Historie des militärischen Bauwerks, das bis 1940 an der Westgrenze gebaut wurde (dasburg.de/vongrauzugruen).

ARZFELD IM ISLEK

Östlich von Daleiden liegt mitten in der rauen Landschaft des Islek das kleine Arzfeld. Merkmale des Islek sind die weiten, landwirtschaftlich genutzten Hochflächen und die tief eingeschnittenen Fluss- und Bachtäler. Ländlicher Charme in idyllische Dörfern bei dünner Besiedelung garantieren Erholung in naturnahen Gebieten (islek.info, eifel.de/go/regionen-detail/arzfeld). Das kleinste Museum der Welt ist die Wartehalle in Welchenhausen. In dem Bushäuschen werden neben Werken von Künstlern aus Deutschland und seinen Nachbarländern sowie verschiedenen Einzelpräsentationen in den Wintermonaten Ausstellungen zur Kulturgeschichte der Islek-Region gezeigt (Dorfstraße 16, 54617 Lützkampen-Welchenhausen, Tel. 0170/2 35 01 98, artehallewelchenhausen.de).

6

DURCH ARZFELD VERLÄUFT DER ENZ-RADWEG mit einer Gesamtlänge von 44 Kilometern. Nach Norden ist Pronsfeld zu erreichen und nach Süden Holsthum. Durch die Landschaft des Islek mit guten Aussichten begleitet der Radweg die Enz bis zur Mündung in die Prüm bei Holsthum. Dabei führt der Weg auch durch das historische Neuerburg mit malerischer Altstadt. Da der Radweg auf der ehemaligen Bahntrasse verläuft, ist er leicht zu bewältigen (eifel.info/a-enz-radweg).

WAXWEILER

Das Dorf Waxweiler ist ein idyllischer Ort in einer waldreichen Gegend, die wie geschaffen zum Entspannen ist. Eine riesige Mariensäule steht an aussichtsreicher Stelle nordöstlich hoch über dem Dorf. Schon der Nachbau einer römischen Mauer am Ortseingang weist auf die lange Geschichte des Ortes hin. In Waxweiler wurde eine römische Siedlung entdeckt, die auf etwa 150 nach Christus datiert werden kann. In der Straße Am Hüttenberg wurde eine Villa Rustica mit 21 Räumen und Portikus (Säulenhalle) freigelegt und gesichert. Die Dacheindeckung bestand aus dünnen Steinplatten und halbrunden Tonziegeln. In der Villa war eine typische römische Badeanlage mit Caldarium, Tepidarium und Frigidarium untergebracht. Es gab einen Keller mit Mauernischen und Lichtschacht.

Landschaft auf den Höhen über dem Ourtal

Fundstücke sind in dem kleinen **Römermuseum** zu sehen. Ausgestellt sind Münzen, keramische Produkte für den Haushalt, Werkzeuge, Gläser und Schmuck. Die Heiztechnik der Römer ist am Modell einer Hypokausten-Heizung dargestellt. Auch eine Kopie des Waxweiler Römerbechers befindet sich im Museum (Römermuseum in der Touristinformation, Hauptstraße 28, 54649 Waxweiler, Tel. 06554/811, gemeinde.waxweiler@t-online.de, waxweiler.com/roemer-museum.html).

An gleicher Stelle befindet sich in Waxweiler das **Geomuseum Devonium**. Besucher erleben eine spannende Zeitreise 400 Millionen Jahre zurück in das Erdzeitalter Devon. Im Museum wird die Entwicklung des Lebens dargestellt. Es gibt eindrucksvolle Fundstücke von den Trilobitenfeldern bei Gerolstein-Gees. Trilobiten waren Gliederfüßer, die an den Ufern des Urzeitlichen Meeres lebten. Alexander von Humboldt sammelte dort bereits solche Versteinerungen (eifel.info/a-devonium, devonium.de, waxweiler.com/museen).

AUF DEM DEVON-PFAD An der Mariensäule über Waxweiler beginnt die Rundwanderung Devon-Pfad mit einer Länge von 16 Kilometern. Er leitet durch die bezaubernde Landschaft des Islek mit seinen schroffen Felsen und den tief eingeschnittenen Flusstälern. Die Prüm hat in Jahrmillionen eine deutliche Furche geschaffen, woraus eine facettenreiche Landschaft entstanden ist (naturwanderpark.eu/wanderwege/a-devon-pfad).

BLEIALF

Am westlichen Fuß der Schneifel liegt der ehemalige Bergbauort Bleialf, der heute staatlich anerkannter Erholungsort ist. Die reich ausgestattete **Sankt-Mariä-Himmelfahrt-Kirche** inmitten alten Baumbestands in Bleialf wurde 1187 erstmals urkundlich erwähnt. Vom ursprünglichen Bau sind allerdings nur noch die drei Meter dicken Mauern des Turms erhalten (bleialf.de). In der Schneifel wurden schon im 11. Jahrhundert Bleierz-Lagerstätten ausgebeutet. Der Mühlenberger Stollen in Bleialf war von 1839-1852 in Betrieb. Ein Teil der Stollen wurde als **Besucherbergwerk** geöffnet. Ein drei Kilometer langer Bergbaupfad gibt einen Überblick zur Bergbaugeschichte des Gebietes (Hamburg 1, 54608 Bleialf, besucherbergwerk.bleialf.org).

▲ Morgennebel über Irrhausen im Irsental ◀ Kellerraum mit Nischen in der Römervilla ▶ Am Besucherbergwerk in Bleialf

DURCH BLEIALF verläuft der 36 Kilometer lange Eifel-Ardennen-Radweg. Nach Osten ist über Pronsfeld Prüm mit seiner wunderschönen Abtei zu erreichen. Nach Westen führt der Radweg über die Grenze nach Sankt Vith in Belgien. Da die Route fast ausschließlich auf der ehemaligen Bahntrasse verläuft, ist dies ein idealer Ausflug für Familien (eifel.info/a-eifel-ardennen-radweg).

AUF EINEN BLICK

Info

STADT/REGION: Islek im Deutsch-Belgischen Naturpark
BESTE REISEZEIT: April–Oktober
OPTIMALE REISEDAUER: 2–3 Tage
TOURISTINFO: Hauptstraße 51, 54689 Daleiden, Tel. 06550/43 34, info@daleiden.de, daleiden.de

CAMPINGPARK EIFEL

ADRESSE: Schwimmbadstraße 7, 54649 Waxweiler, Tel. 06554/920 00, info@ferienpark-waxweiler.de, ferienpark-waxweiler.de
ANFAHRT: Von der A 60 Ausfahrt 5 Waxweiler und auf der L 33 und L 12 nach Waxweiler
GPS: 50.092417 6.358889

Der Campingplatz in ruhiger Lage liegt direkt an der Prüm und am Freibad. Möglichkeit zum Angeln am Platz. Das Sanitärgebäude verfügt über Duschkabinen, Waschmaschine, Trockner und Entsorgungsstation. Auf dem Platz stehen ein Restaurant und ein kleiner Laden zur Verfügung. Das Zentrum von Waxweiler mit Restaurant, Geschäften, Museum und römischer Villa ist einen Kilometer entfernt. Durch Waxweiler führt der Prümtal-Radweg. Wanderwege erschließen die Umgebung. Am alten Bahnhof in der Bahnhofstraße in Waxweiler gibt es auch einen Wohnmobilstellplatz (waxweiler.com/wohnmobilplatz.html).

CAMPINGPLATZ RELLES-MÜHLE

ADRESSE: An der Brücke 3a, 54689 Dasburg, Tel. 06550/10 73, info@camping-relles-muehle.de, camping-relles-muehle.de
ANFAHRT: Von der A 60 Ausfahrt 4 Prüm und auf der L 16 und B 410 nach Dasburg
GPS: 50.052500 6.123528

Der Campingplatz liegt absolut ruhig direkt am Fluss Our mit Bademöglichkeit und am Naturschutzgebiet Mittleres Ourtal. Das Sanitärgebäude verfügt über Duschkabinen, Waschmaschine, Trockner und Entsorgungsstation. Auf dem Platz stehen ein Restaurant und Bäckerei-Service zu Verfügung. Nach Dasburg mit Supermarkt ist es

◀ Der Wohnmobilstellplatz in Waxweiler ▲ Restaurant auf dem Campingplatz Bleialf ▼ Spielplatz am Campingplatz Relles-Mühle

einen Kilometer weit. Möglichkeit zum Wandern, Angeln und Reiten. Im Rahmen von Tagesausflügen sind Ziele wie Bitburg, Prüm, Trier und Luxemburg möglich.

CAMPINGPLATZ BLEIALF

ADRESSE: Im Brühl 4, 54608 Bleialf, Tel. 06555/10 59, info@camping-bleialf.de, camping-bleialf.com

ANFAHRT: Von der A 60 Ausfahrt 3 Bleialf und auf der L 1 nach Bleialf

GPS: 50.235389 6.287472

Die schattigen Stellplätze des ruhigen Campingplatzes sind auf flachen Rasenflächen. Auf dem Platz befindet sich ein Restaurant. Das Sanitärgebäude verfügt über WC, Duschen, Waschkabinen und Entsorgungsstation. Ins Zentrum von Bleialf mit Geschäften, Restaurants und zum Besucherbergwerk mit Bergbaupfad ist es 500 Meter weit. Wandermöglichkeiten in die Schneifel direkt vom Platz aus. Bis zur Stadt Prüm sind es zehn Kilometer. Das Wintersport- und Wandergebiet Schwarzer Mann in der Schneifel ist acht Kilometer entfernt.

ENTDECKUNGEN IM PRÜMER LAND

Urlaub in der Schneifel und Hocheifel

Die Matthiaskirche steht an prominenter Stelle.

Das Prümer Land bietet Erholung, Urlaubserlebnis und Sommerfrische im Grünen. Beschauliche Dörfer zeigen ihre ländliche Lebensqualität und Traditionen und laden zum Verweilen ein. Zusätzlich ist zum Beispiel die Waldstadt Prüm mit ihrer Benediktinerabtei ein zentraler Ort der Kultur.

Die Ziellandschaft zwischen Hellenthal im Norden und Schönecken im Süden erlaubt viele Möglichkeiten für Urlauber mit verschiedenen Interessen. In der Greifvogelstation mit Wildgehege bei Hellenthal und im Eifel-Zoo bei Pronsfeld gehen die Gäste auf Tuchfühlung mit Tieren. Im Wandergebiet Schwarzer Mann über Prüm lebt Geschichte auf. Die Burgstädte Kronenburg und Reifferscheid sind ein romantisches Erlebnis. Der Vulkanpark Steffeln gewährt Einblick in die heiße Erdgeschichte. Am Kronenburger See kommen Badenixen zu ihrem Recht. Die »Prümer Land Touren« sind Wanderungen mit unterschiedlichen Themen wie Bäche, Moore oder Westwall. Die Radwege entlang der Prüm, längs der Nims und der Eifel-Ardennen-Radweg sind Betätigungsfelder für Radler unterschiedlicher Leistungsklassen.

PRÜM

Die Sankt-Salvator-Basilika und die **barocke Benediktinerabtei** sind die Wahrzeichen der Stadt. Im Jahr 721 hatten Mönche aus Echternach mit der Stiftung von Bertrada von Mürlenbach ein erstes Kloster gegründet. Im 18. Jahrhundert erfolgte der Neubau der Klosterkirche und der Abteigebäude, wobei die Abtei nach Plänen des Barockbaumeisters Balthasar Neumann ausgeführt wurde. Das Kloster Prüm war Favorit der Karolinger, erlangte große Bedeutung und wurde zur freikaiserlichen Reichsabtei erhoben. Die Macht der Abtei reichte über Besitztümer in der Eifel, im Münsterland, in Holland, an Rhone und Loire. Ein Reliquienschrein in der Basilika soll Teile der Sandalen Jesu Christi enthalten. Die kurfürstliche Abtei Prüm ist ein barockes Schmuckstück mit prächtigen Portalen. Die **herrliche Hauptfassade** lässt sich vom heutigen Schulhof des Gymnasiums aus in der Straße Klosterhof betrachten. Das kulturhistorische **Museum Prüm** gehört mit mehr als 12 000 Exponaten zu den größten Museen der Eifel. Darin wird die Entwicklung der Stadt Prüm und die Geschichte der

Abtei Prüm mit Fotos und Berichten dargestellt. Das Handwerk von den Anfängen bis zur frühen Industrialisierung macht den größten Teil des Museums aus. Eine Schreinerei, eine Schmiede, eine Schusterwerkstatt und eine Weberei zeigen, wie vor langer Zeit gearbeitet wurde. Über 150 Puppen, Teddys, Puppenstuben und Spielzeug lassen Kinderaugen glänzen (Museum Prüm, Tiergartenstraße 54, 54595 Prüm, Tel. 06551/94 32 22, museum-pruem.de).

IN DER PRÜMER INFOSTÄTTE MENSCH UND NATUR werden Besucher über die Bedeutung des Waldes als Lebensraum und als Erholungsraum informiert. Der Wert der Naturparkidee wird damit verdeutlicht. Eine Fossiliensammlung gibt einen Einblick in die Erdzeitalter (Tiergartenstraße 70, 54595 Prüm, Tel. 06551/98 57 55, naturpark-eifel.de).

WANDERUNG ZUR WOLFSSCHLUCHT. Auf der Teichstraße geht es durch den Kurpark vorbei am Entenweiher und am Campingplatz links hinauf in den Wald, in dem riesige amerikanische Douglas-Tannen stehen. Die Wolfsschlucht ist ein Skigebiet, in dem auch im Sommer die Hütte geöffnet hat. Der Rückweg führt über die Keltenfestung auf die Stadt hinunter (Rundweg acht Kilometer, Skihütte Wolfsschlucht, Tel. 06551/45 45, ski-klub-pruem.app/skihüttewolfsschlucht).

◀ Die ehemalige Benediktinerabtei ▶ Ausflugsgaststätte Schwarzer Mann

◀ Pronsfeld ist ein Paradies für Radfahrer. ▶ Eisenbahnmuseum in Pronsfeld

SCHNEIFEL

Das Waldgebirge Schneifel nördlich der Stadt Prüm ist ein 15 Kilometer langer und 699 Meter hoher Quarzstock. Das Skigebiet Schwarzer Mann ist bei Wintersportlern sehr bekannt. Aber auch im Sommer haben Wanderer und Naturliebhaber auf verschiedenen Themenwegen ihre Freude. Zu den Motiven gehören der Westwall, Moore, Wälder und Napoleonische Grenzen. Große Parkplätze und die **Ausflugsgaststätte Schwarzer Mann** nehmen die Besucher auf.

AUF DEM WEG IN DIE SCHNEIFEL leitet ein kulinarischer Abstecher zum Ziegenhof Steinrausch. 200 Ziegen liefern die Milch für ein Dutzend Käsevariationen, die nach dem Bioland-Prinzip hergestellt werden (Ziegenhof Steinrausch, Zamescheid 12, 54595 Gondenbrett-Wascheid, Tel. 06551/98 41 73, hof-steinrausch.de).

PRONSFELD

Der erstmals 1045 erwähnte Ort an der Prüm bedeutet »Feld an der Prüm«. 1886 wurde Pronsfeld an die Westeifelbahn angeschlossen und entwickelte sich zum Eisenbahn-Knotenpunkt. Die vier von Pronsfeld ausgehenden **Bahntrassen sind heute asphaltierte Radwege**, die ein Eldorado für Radfahrer geworden sind. Heute erinnert ein Eisenbahnmuseum in der Bahnhofstraße an die frühere Bedeutung Pronsfelds. Die Gegend bietet aber auch Wanderern gute Möglichkeiten, wie zum Beispiel das **Alfbachtal** mit dem Biberbiotop (pronsfeld-eifel.de). Bekannt ist Pronsfeld auch durch den **Eifel-Zoo**. Auf dem Gelände werden 400 Tiere gezeigt.

Landschaft bei Brandscheid vor der Eifel

Weitere Attraktionen sind die Fütterungen der Tiere, die Fahrt mit einer Feldbahn und mit einer Seilbahn durch das Gelände und ein Miniaturdorf (Reinigseifen 2, 54597 Pronsfeld-Lünebach, Tel. 06556/4 11, eifel-zoo.de).

SCHÖNECKEN

Der Ort liegt südöstlich von Prüm inmitten der Prümer Kalkmulde. Im **Naturschutzgebiet Schönecker Schweiz** befinden sich auf Kalkmagerrasen seltene Insekten und Orchideen. Das Gebiet ist von ausgedehnten Wanderwegen durchzogen. Über dem Ort ragt die **Burg Schönecken** über die Dächer. Die im 12. Jahrhundert errichtete Burg ist mit 120 Metern Länge und 60 Metern Breite eine der größten Festungen in der Eifel (schoenecken.de, burgen-der-eifel.de/Burg-Schönecken).

DIE ANSPRUCHSVOLLE MOUNTAINBIKE TOUR TRAIL 1 startet in Schönecken am Flüsschen Nims und schlängelt sich entlang des Schalkenbaches bis zum großen Kreuz an der Meyersruh. Am Kupferbach geht es nach Fleringen und wieder zur Meyersruh. Über Serpentinen fährt man abwärts ins Altburgtal und an der Burg Schönecken ist dann bald der Anfangspunkt erreicht (20 Kilometer bei 500 Höhenmeter, schoenecken.de/Wandern/WF_Schwarz.pdf).

7

Tipp

Von Prüm auf dem Weg nach Norden ist der Weinsheimer Aussichtsturm zu erreichen. Der Blick schweift über das Prümtal und über die Schneifel, in die Vulkaneifel und noch weiter. Auf der Straße Zur Hardt in Weinsheim und dann auf einer kleinen Bergstraße ist der Turm mit kleineren Wohnmobilen direkt anzufahren.

IM BRAGPHENN HOCHMOOR Südlich von Ormont wurde im Hochmoor Bragphenn ein Bohlenweg angelegt, damit sich Wanderer einen Einblick in diesen Lebensraum verschaffen können. In dem kleinen Moor gedeihen zahlreiche seltene und interessante Pflanzen wie Orchideen, Arnika, Moosbeere, Fiberklee, Sonnentau und andere Spezialisten. Der Steg durchquert auch einen Karpatenbirken-Bruchwald (54597 Ormont, Rupbachstraße).

STEFFELN

Der **Vulkankopf Steffeln** ist ein eindrucksvolles Zeugnis der vulkanischen Tätigkeit im Gebiet. Durch den Abbau der Vulkanschlacken wurden die ehemaligen Ausbruchsschichten freigelegt und der Besucher kann in den Krater hineinschauen. Basaltgänge, Lapilli und farbige Aschen sind gut sichtbar. Auf 15 Infotafeln werden die Vorgänge erklärt (500 Meter westlich von Steffeln ist ein Wanderparkplatz, eifel.info/a-vulkangarten-steffeln-1).

◀ Burg Schönecken ▶ Im Karpatenbirken-Bruchwald

7

KRONENBURG

Der Besuch im Burgdorf ist eine romantische Überraschung. Erwähnt wurde Kronenburg erstmals im 13. Jahrhundert. Die Burg ist zwar eine Ruine, bietet aber einen guten Ausblick über die Unterstadt bis zum Kronenburger See. Das besonders **malerische Ortsbild** unterhalb der Burg wird von 400 Jahre alten Häusern geprägt. Zu Kronenburg gehört der Ortsteil Kronenburgerhütte, an der einst eine Eisenhütte betrieben wurde. Sehenswert ist die **historische Kyllbrücke** und die **Brigidakapelle** aus dem 18. Jahrhundert. Am westlichen Ortsrand liegt der **Kronenburger See**. Ursprünglich als Regenwasserrückhalte-Stausee gebaut, dient er heute der Freizeitgestaltung mit Möglichkeiten zum Wassersport. Kronenburg bietet auch viele Wandermöglichkeiten, da die Umgebung mit Wald bedeckt ist.

Tipp

Der Moorpfad Dahlem ist ein Bohlenweg entlang von Moorgewässern mit Einblick in den seltenen Lebensraum eines Moores. Hier finden sich ausgedehnte Torfmoosbestände und der nährstoffarme Moorbach mit einem kleinen Erlenbruchwald. Der Zugang ist vom Wanderparkplatz Wasserdell in der Schulstraße östlich von Dahlem möglich (eifelführer.de).

REIFFERSCHEID

Burgort und Burg Reifferscheid sind unbedingt sehenswert. Die Anfahrt zum Parkplatz an der Burg kann aber nur für kleine Wohnmobile empfohlen werden. Größere Fahrzeuge parken auf dem Parkplatz Ortsmitte an der L 17. Durch das mächtige **Matthiastor** aus dem 14. Jahrhundert finden die Besucher den Eingang in die Burgstadt. Die meist vortrefflich restaurierten Gebäude innerhalb des Burgberings stammen mehrheitlich aus dem 17. und 18. Jahrhundert. Durch die spätgotische **Vorburg** gelangen die Besucher vorbei an der ehemaligen Remise in den **Burghof**. Der einstige Eigentümer der Burg Reifferscheid, Heinrich Graf von Limburg, brannte 1106 seine eigene Burg nieder, um die Einnahme durch Feinde zu verhindern. Später wurde an deren Stelle ein Renaissance-Schloss erbaut, das von französischen Truppen zerstört wurde. Doch der runde **Bergfried** ist erhalten geblieben und kann bestiegen werden. Am Marktplatz unterhalb der Vorburg steht die **Matthiaskirche** aus dem 15. Jahrhundert (reifferscheid-eifel.de).

◀ Die Kronenburg ist nur noch Ruine. ▲ An der Kyllbrücke steht die Brigidakapelle. ▼ Schon von Weitem ist der Burgort Reifferscheid zu sehen.

WANDERUNG ZUR WILDENBURG Von Reifferscheid verläuft der Weg der zehn Kilometer langen Rundwanderung über die Kapelle in Wiesen und über den Manscheider Bach zur verträumten Wildenburg. Bergfried und Burgverlies aus dem 12. Jahrhundert sind noch vorhanden. Die Burgschänke Wildenburg ist gut für eine Einkehr auf der tollen Aussichtsterrasse. Die Wildenburg kann aber auch mit dem Wohnmobil angefahren werden (v-wildenburg.de, burgschaenke-wildenburg.de).

Tipp

In der Greifvogelstation Hellenthal werden täglich Freiflüge der Adler und Falken veranstaltet. Im dazugehörigen Wildgehege Hellenthal sind einheimische Wildarten wie Rotwild, Damwild, Luchs und Schwarzwild zu beobachten (Wildfreigehege 1, 53940 Hellenthal, Tel. 02482/22 92, greifvogelstation-hellenthal.de).

AUF EINEN BLICK

Info

STADT/REGION: Prümer Land
BESTE REISEZEIT: April–Oktober
OPTIMALE REISEDAUER: 2–3 Tage
TOURISTINFO: Hahnplatz 1, 54595 Prüm, Tel. 06551/5 05, ti@pruem.de, pruem.de, ferienregion-pruem.de

STELLPLATZ PRÜM

ADRESSE: Gerberweg, 54595 Prüm, Tel. 6551/505, ti@pruem.de, stadtpruem.de
ANFAHRT: Von der A 60 Ausfahrt 4 Prüm und auf der L 11 und B 410 nach Prüm
GPS: 50.202583 6.422194
Der ganzjährig geöffnete Stellplatz an der Prüm ist asphaltiert und ohne Schatten. Wasser, Strom und Entsorgung sind am Platz. 700 Meter sind es bis zum Zentrum mit Restaurants, Museen und Abtei und 400 Meter zu Supermärkten und zur Bushaltestelle. Guter Ausgangspunkt für Wanderungen, Radtouren und Tagesausflüge. 1,5 Kilometer nordöstlich liegt am Waldfreibad der ruhigere Waldcamping Prüm.

CAMPINGPLATZ KRONENBURGER SEE

ADRESSE: Bahnhofstraße 13, 54611 Hallschlag, Tel. 06557/90 01 10, info@campingpark-kronenburger-see.de, campingpark-kronenburger-see.de
ANFAHRT: Von der A 1 Ausfahrt 113 Nettersheim und auf der L 205, L 204, B 51 und B 421 zum Kronenburger See
GPS: 50.361972 6.454083
Auf dem ruhigen, ganzjährig geöffneten Fünf-Sterne-Platz fehlt es an nichts. Die Wiesenplätze bieten wenig Schatten. 500 Meter entfernt ist eine Bushaltestelle. Nach Kronenburg sind es 3 Kilometer, zum Restaurant Seeterrasse und Wassersportmöglichkeiten 1 Kilometer. Am Ostende des Kronenburger Sees befindet sich an der Staumauer in der Seeuferstraße ein Wohnmobilstellplatz (kronenburger-see.de).

Campingplatz Hellenthal

STELLPLATZ PRONSFELD

ADRESSE: Bahnhofstraße 3, 54597 Pronsfeld, Tel. 06556/90 02 36, ob@pronsfeld-eifel.de, pronsfeld-eifel.de

ANFAHRT: Von der A 60 Ausfahrt 4 Prüm und auf der L 11 nach Pronsfeld

GPS: 50.163417 6.336750

Der ganzjährig geöffnete, ruhige Stellplatz liegt auf befestigtem Untergrund mit wenig Schatten am Wald in der Nähe des Eisenbahnmuseums. Am Platz befinden sich Stromanschlüsse, Wasser und Entsorgung 100 Meter vor dem Platz. Zum Eifel-Zoo sind es 2 Kilometer und nach Pronsfeld mit Geschäften und Restaurants 1 Kilometer, nach Prüm 10 Kilometer und in die Schneifel 15 Kilometer. Direkt am Platz vorbei führt der Eifel-Ardennen-Radweg auf der alten Bahntrasse und bietet viele Freizeitmöglichkeiten.

CAMPINGPLATZ HELLENTHAL

ADRESSE: Platiß 1, 53940 Hellenthal, Tel. 02482-1500, info@camphellenthal.de, camphellenthal.de

ANFAHRT: Von der A 1 Ausfahrt 113 Nettersheim und auf der L 205, L 204, B 258 und L 203 nach Hellenthal

GPS: 50.479583 6.428611

Der ganzjährig geöffnete Platz mit Gaststätte und allen erforderlichen Einrichtungen liegt an der B 265 im Süden von Hellenthal. Die Wiesenplätze bieten teilweise Schatten. Zum Ort mit Restaurants und Geschäften sind es 2 Kilometer, zur Oleftalsperre 4 Kilometer. Der Weg um den Stausee ist 15 Kilometer lang. Nach Monschau fährt man 30 Kilometer.

LAND DER VULKANE UND MAARE

Die Vulkaneifel um Gerolstein und Daun

Wohnmobilstellplatz oberhalb von Gillenfeld

8

Die Vulkaneifel, UNESCO Global Geopark, wurde geformt von Feuer und Wasser, und die Region ist immer noch aktiv. Geologisch sehr interessant, präsentiert sich die Region mit Einblicken in die Erdgeschichte, Sehenswürdigkeiten, Wälder, Wiesen und hübschen Dörfern als wertvolle Urlaubsregion.

Einst formten gewaltige Kräfte aus dem Erdinnern die Landschaft der Vulkaneifel. Heute zeugen über 350 Vulkane, Maare, Lavaströme und Mineralquellen von diesen Ereignissen. Dem Urlauber zeigt sich die Vulkaneifel als raue, aber zauberhafte Landschaft mit hohem Erholungswert. Vulkaneifelpfade ermöglichen Ausblicke über Vulkankuppen, über Maare und in Vulkankrater. Radwege führen entlang idyllischer Bäche zu Burgen und bis zur Mosel.

GEROLSTEIN

Das Gerolsteiner Land präsentiert sich als geologisch einzigartige Ferienregion. Das heutige Mittelzentrum Gerolstein gründet auf ersten Besiedelungen der Altsteinzeit, der Kelten und der Römer. Die Gerolsteiner Mineralquellen wurden bereits von den Kelten und Römern genutzt. Seit 1724 wird das Wasser abgefüllt und verkauft.

Tipp

In Berührung mit den Gerolsteiner Mineralquellen können Besucher mehrfach kommen: Im Park in Gerolstein zwischen Kyllweg und Kyll kann sich jeder kostenlos an der Helenenquelle Wasser abfüllen. Am Vulkanring in Gerolstein gibt es täglich um 15 Uhr eine freie Führung in der Firma Gerolsteiner Brunnen (Tel. 06591/1 40, gerolsteiner.de).

SEHENSWERTES IN GEROLSTEIN

Die evangelische neoromanische Erlöserkirche in der Sarresdorferstraße 19 entstand unter Kaiser Wilhelm II. und ist die Top-Sehenswürdigkeit Gerolsteins. Sie wurde erst 1913 eingeweiht, erinnert jedoch mit ihren fantastischen Mosaiken an byzantinische Bauten. Millionen von Mosaiksteinen bringen den Innenraum der Kirche je nach Lichteinfall eindrucksvoll zum Leuchten (Besichtigung nur im Rahmen einer Führung: Touristinformation,

Bahnhofstraße 4, 54568 Gerolstein, Tel. 06591/94 99 10, gerolsteiner-land.de). Vorbild für die Erlöserkirche in Gerolstein war die Erlöserkirche in Mirbach, nördlich von Hillesheim (siehe Ziel 9). Hinter der Gerolsteiner Erlöserkirche wurden die Fundamente der römischen **Villa Sarabodis** aus dem 1. Jahrhundert nach Christus freigelegt. Die **Löwenburg** über Gerolstein wurde erstmals 1115 urkundlich erwähnt. Heute stehen nur noch Reste, denn die Geschichte – vom Blitzeinschlag 1670 bis zum Abbruch im Jahr 1840 – machte die Burg zu einer Ruine. Die **Doppelburg Lissingen** aus dem 13. Jahrhundert, westlich des Zentrums, war ursprünglich eine Wasserburg. Sie wurde auf römischen Resten erbaut. An der Burg sind Baustile von der Gotik über die Renaissance bis zum Barock zu finden.
Die sogenannten Gerolsteiner Dolomiten dominieren mit den Dolomitfelsen Munterley das Ortsbild der Stadt. Von Oben hat man nicht nur eine gute Aussicht über Gerolstein, sondern auch auf eine Kalk-Hochfläche und das **Trockenmaar Papenkaule**. Eine Wanderung dort hinauf lohnt auf jeden Fall, gibt es als Sehenswürdigkeit zudem auch noch das **Buchenloch**, eine Karsthöhle, in der schon Steinzeitmenschen hausten. Auf dem Kalkplateau befindet sich auch der **Juddekirchhof**, eine keltisch-römische Kultstätte mit zwei Tempeln.

◀ Zugang zum Buchenloch ▶ Blick über das Weinfelder Maar

◀ Die Erlöserkirche im roten Morgenlicht ▶ Die neoromanische Erlöserkirche

AUF DEM GEROLSTEINER FELSENPFAD steigen die Wanderer durch schönen Wald im Naturschutzgebiet hinauf zum Aussichtspunkt auf dem Munterley. Weiter geht es zur Höhle Buchenloch, Papenkaule, Juddekirchhof und zur Kasselburg aus dem 12. Jahrhundert, in der ein Adler- und Wolfspark ansässig ist. Mit den Raubvögeln wird ein tägliches Flugprogramm gezeigt (der Weg beträgt acht Kilometer bei 240 Meter Auf-und Abstieg, eifelsteig.de/a-gerolsteiner-felsenpfad, greifenwarte.net/wolfspark-kasselburg).

DAUN

Die fast 1300 Jahre alte Stadt auf dem Basaltberg an der Lieser besitzt Mineralquellen und ist heilklimatische Kurort. Das Gebiet wurde bereits von den Kelten besiedelt. Ende des 10. Jahrhunderts entstand eine Burganlage, die aber heute nur noch eine karge Ruine ist. Am Aufgang zur Burg ist ein **Rundportal** mit der Jahreszahl 1502 im Schluss-Stein. Im ehemaligen königlichen Landratsamt in der Leopoldstraße 9 ist das **Eifel Vulkanmuseum** eingezogen, in dem die erdgeschichtliche Entwicklung mit der vulkanischen Tätigkeit erlebt werden kann (Tel. 0592/98 53 53). Die Landschaft um Daun ist geprägt von den **Dauner Maaren**, zu denen das Weinfelder, Schalkenmehrener und Gemündener Maar zählen. Diese drei unmittelbar aneinandergrenzenden Maare sind nur durch Tuffwälle voneinander getrennt (stadt-daun.de).

▲ Die römischen Grundmauern des Tempelbezirks ◀ Tierische Begegnung am Schalkenmehrener Maar ▶ Blick über das Pulvermaar

WANDERUNG UM DIE DAUNER MAARE Vom Parkplatz am Gemündener Maar geht es zum Dronketurm. Hier reicht das 360°-Panorama über die gesamte Vulkanlandschaft rund um Daun. Um das Weinfelder Maar kommt man zum Zweimaareblick mit Sicht auch auf das Schalkenmehrener Maar, zu dem es dann hinuntergeht. Über das Maarkreuz läuft man wieder aufwärts zur Weinfelder Kirche am Weinfelder Maar, um das es wieder zum Gemündener Maar mit Badegelegenheit zurückgeht (9 Kilometer bei 250 Metern Auf- und Abstieg).

Daun ist nicht nur gut für einen Kuraufenthalt. Hier kann zwischen den herrlichen Maaren auch ein Wander- oder Radurlaub verbracht werden. In Daun beginnt der **Maare-Mosel-Radweg** (maare-moselradweg.de) und der **Kosmosradweg** (kosmosradweg.de), der **Lieserpfad** (lieserpfad.de) und durch den Ort führt auch der **Eifelsteig** (eifelsteig.de). Außerdem gibt es örtliche geologischen Lehr- und Wanderpfade.
Die **Maare** entstanden durch vulkanische Wasserdampf-Eruptionen. Aufsteigendes Magma stieß auf wasserführende Gesteinsschichten und es kam zu gewaltigen Explosionen. Im Bereich der Detonation bildeten sich Hohlräume, die das darüberliegende Gestein zum Einsturz brachten. Die Einsturztrichter füllten sich mit Wasser und wurden zu den Augen der Eifel.

8

DIE MAARE DER VULKANEIFEL

In der Vulkaneifel sind bisher 77 Maare nachgewiesen, von denen jedes seine eigene Gestalt zeigt. Das 200 Meter tiefe **Pulvermaar** ist ein Maar wie aus dem Bilderbuch. Das tiefste Maar der Eifel ist von einem 45 Meter hohen Basaltring umgeben. Das Pulvermaar ist mit Campingplätzen, Wohnmobilstellplätzen und Feriendorf touristisch erschlossen.

WESTLICH DES PULVERMAARES BEFINDET SICH EINE ZIEGENKÄSEREI mit Wohnmobilstellplatz. Die Käsesorten entstehen aus natürlichen Zutaten. Die Ziegen bekommen nur Futter von den eigenen Wiesen. Im Hofladen gibt es diverse Käsesorten und weitere Produkte aus der Region (Vulkanhof, Vulkanstraße 29, 54558 Gillenfeld, Tel. 06573/91 48, vulkanhof.de).

Das **Holzmaar** und das **Dürre Maar** liegen südwestlich von Gillenfeld. Das einsame Holzmaar ist heute nur noch 20 Meter tief, während das Dürre Maar schon lange ein Trockenmaar ist. Die 4000 Jahre alte Moorschicht ist zwölf Meter dick. Das **Meerfelder Maar** westlich von Manderscheid ist mit einem Durchmesser von fast zwei Kilometern das größte der Eifel. Das kleine **Eichholzmaar** nordwestlich von Gerolstein zeigt sich heute als renaturiertes Paradies für Pflanzen und Tiere. Weitere 70 Maare können entdeckt werden. Andere Zeugnisse der vulkanischen Tätigkeit finden sich zum Beispiel in Strohn und Wallenborn.

Die Kasselburg wird stark besucht

8

Die über 120 Tonnen schwere **Strohner Lavabombe** ist eine geologische Besonderheit. Sie ist zweifellos ein Beleg früherer vulkanischer Tätigkeit in der Eifel, wurde jedoch nicht durch einen Vulkanausbruch an diese Stelle geworfen. Sie löste sich bei Sprengarbeiten im nahen Steinbruch aus der Bruchwand und wurde mit einer Planierraupe an den heutigen Standort in der Straße Zur Schweiz gezogen. An der Lavabombe beginnt der Spazierweg entlang des Alfbaches in die **Strohner Schweiz**. Im Ort Strohn können Besucher im interaktiven Museuem **Vulkanhaus Strohn** die faszinierende Welt der Vulkane kennenlernen (Hauptstraße 38, Tel. 06573/95 37 21, vulkanhaus-strohn.de). In Wallenborn bricht der **Geysir Wallender Born** regelmäßig alle 35 Minuten aus. Eine kohlensäurehaltige Quelle ist die Ursache für dieses Naturschauspiel (Weidenbacher Straße, 54570 Wallenborn, wallenborn-eifel.de).

MANDERSCHEID

Die **Manderscheider Burgen** sind ein beliebter touristischer Anlaufpunkt. Die **Niederburg** steht leicht erreichbar direkt an der Landstraße L 16. Es ist die jüngere der beiden Manderscheider Burgen, die im 12. Jahrhundert erstmals unter der Herrschaft der Herren von Manderscheid erwähnt wurde. Die Niederburg mit viel mittelalterlichem Ambiente kann zu festgesetzten Zeiten besichtigt werden. Am letzten Wochenende im August findet in der

◀ Auf dem Burgensteig ▶ Blick vom Belvedere auf die Niederburg

Die Vulkaneifel ist eine entzückende Landschaft.

Niederburg und auf der Turnierwiese das historische Burgenfest statt. Mit Rittern, Gauklern und gemeinem Volk hält das Mittelalter Einzug (niederburg-manderscheid.de, burgenverein-manderscheid.de). Die **Oberburg**, bereits im Jahr 973 urkundlich erwähnt, müssen sich die Besucher mit einem Aufstieg verdienen. Dafür erlebt man vom Bergfried einen spannenden Blick über Manderscheid, die Niederburg und das Liesertal.

DER MANDERSCHEIDER BURGENSTIEG führt als Rundwanderweg von Manderscheid auf teils alpinen Pfaden hinab ins Liesertal. Am Aussichtspunkt Belvedere ergibt sich ein schöner Blick auf die Manderscheider Burgen. Über Oberburg und Niederburg geht es wieder hinunter ins Liesertal. Zuletzt folgt der Aufstieg zum Kaisertempelchen, wo sich erneut ein tolles Panorama auf die Burgruinen bietet (6 Kilometer bei 220 Höhenmetern, eifelsteig.de/a-manderscheider-burgenstieg).

ABTEI HIMMEROD

Als ein himmlisches Idyll liegt in den Wäldern des Salmtals die Zisterzienserabtei Himmerod. Das Kloster, das bereits im 12. Jahrhundert gegründet wurde, strahlt auf die Besucher eine spirituelle Kraft aus. Menschen kommen, um Zuversicht und Frieden in der Kirche zu finden. Einst wurde es im Zuge der Säkularisation weitgehend zerstört, aber zu Beginn des 20. Jahrhunderts nach barockem Vorbild wiedererrichtet. Der Zisterzienserkonvent wurde 2017 aufgelöst, doch präsentiert sich Himmerod heute noch immer als ein Ort der inneren Einkehr und der Begegnung. Die Klostergaststätte, die Fischzucht, die Buchhandlung und die Gärtnerei sind für die Gäste beliebtes Beiwerk (Abteistraße 3, 54534 Großlittgen, Tel. 06575/951 30, abteihimmerod.de).

AUF EINEN BLICK

Info

STADT/REGION: Vulkaneifel um Gerolstein und Daun
BESTE REISEZEIT: April–Oktober
OPTIMALE REISEDAUER: 2–3 Tage
TOURISTINFO: Leopoldstraße 5, 54550 Daun,
Tel. 06592/95 13 70, info@gesundland-vulkaneifel.de,
gesundland-vulkaneifel.de

STELLPLATZ GEROLSTEIN

ADRESSE: Raderstraße, 54568 Gerolstein, Tel. 06591/13 30 00,
touristinfo@gerolsteiner-land.de, gerolsteiner-land.de
ANFAHRT: Von der A 1 Ausfahrt 118 Gerolstein und auf der B 410 nach Gerolstein
GPS: 50.220944 6.653917

Der Wohnmobilstellplatz am Hallen- und Freibad ist das ganze Jahr über geöffnet, Strom und Wasser stehen aber zwischen 15.11. und 31.03 nicht zur Verfügung. In der Saison verfügt der Platz über Stromanschlüsse, Ver- und Entsorgungseinrichtung. WC und Dusche 100 Meter entfernt im Hallenbad. Bis zur Innenstadt mit Geschäften und Restaurants und bis zur Erlöserkirche ist es einen Kilometer weit. Der Kyll-Radweg, Eifelsteig und die Vulkaneifelpfade Gerolsteiner Kelten- und Felsenpfad befinden sich in der Nähe.

STELLPLATZ VULKANEIFEL

ADRESSE: Mehrener Straße, 54552 Schalkenmehren,
Tel. 0176/72 85 35 44, info@wohnmobilpark-vulkaneifel.de,
wohnmobilpark-vulkaneifel.de
ANFAHRT: Von der A 1 Ausfahrt 121 Mehren und auf der B 421 und Schalkenmehrener Straße zum Stellplatz
GPS: 50.169861 6.871972

Der Platz besitzt Stromanschlüsse, Ver- und Entsorgungseinrichtung, WC und Dusche. Bei der Einfahrt wird das Kennzeichen erfasst. Am Terminal ist die Zugangskarte mit Guthaben aufzuladen, die zur Benutzung der Einrichtungen erforderlich ist. Nach Schalkenmehren mit Geschäften und Restaurants ist es einen Kilometer weit, drei Kilometer

◀ Die Abtei Himmerod ist ein Ort der Ruhe. ▲ Der Wohnmobilstellplatz am Bad in Gerolstein ▼ Der Wohnmobilstellplatz Schalkenmehren

sind es bis zum Zweimaareblick zwischen Weinfelder Maar und Schalkenmehrener Maar. Der 58 Kilometer lange Maare-Mosel-Radweg auf der stillgelegten Bahnstrecke führt direkt am Platz vorbei. Nach Daun im Nordwesten sind es nur 9 Kilometer und nach Bernkastel-Kues an der Mosel 50 Kilometer (Rücktransport mit dem Bus möglich, maare-moselradweg.de).

CAMPINGPLATZ AM PULVERMAAR

ADRESSE: Am Pulvermaar 1d, 54558 Gillenfeld, Tel. 06573/311, info@pulvermaarcamping.de, pulvermaarcamping.de

ANFAHRT: Von der A 1 Ausfahrt 121 Mehren und auf der B 421 zum Pulvermaar

GPS: 50.134333 6.923583

Der vom 01.04. bis 31.10. geöffnete Platz liegt direkt am Pulvermaar und verfügt über Stromanschlüsse, Ver- und Entsorgungseinrichtung, WC, Dusche, Waschmaschine und Trockner. Ein Kiosk mit Terrasse und Blick auf das Maar ist vorhanden. Bootsverleih und Freibad sind 600 Meter entfernt, Gillenfeld mit Geschäften und Restaurants 2 Kilometer und Daun und Gerolstein 20 Kilometer.

Am Pulvermaar befinden sich mit dem beschriebenen Platz zwei Campingplätze und zwei Wohnmobilstellplätze.

VULKANE, MOTOREN UND KRIMIS

Hohe Eifel

Die neugotische Marienkapelle in Adenau

Die Region Hocheifel-Nürburgring besteht für Fans aus dem Wohlklang brüllender Motoren. Die Gegend ist jedoch viel mehr, denn Natur in einer wildromantischen Landschaft, Möglichkeiten zu Freizeitaktivitäten, Sehenswürdigkeiten, gemütliche Dörfer und Orte ermöglichen einen erholsamen Aufenthalt.

Die Hohe Eifel schmückt sich mit lang gezogenen, hohen Bergrücken und mit ausgedehnten, einsamen Wäldern. Zahlreiche Basaltkuppen bieten schöne Aussichtspunkte. Ergiebige Niederschläge sorgen für Bäche und Bachtäler mit sattem Grün. Eine Landschaft für Naturfreunde und Motorsportfreunde gleichermaßen.

ADENAU

Das Zentrum der Region Hocheifel-Nürburgring bildet das über 1000 Jahre alte Adenau, das in einem Seitental der oberen Ahr liegt. Das Städtchen besitzt das Marktrecht seit über 400 Jahren und bietet auch heute noch mit seinen Wochenmärkten und Geschäften gute Einkaufsmöglichkeiten. Am **historischen Marktplatz** mit seinem idyllischen Brunnen aus Basaltsäulen stehen schöne Fachwerkhäuser aus dem 17. Jahrhundert. Eines der ältesten Häuser Adenaus ist das 1630 erbaute **Haus Stein** mit der Adresse Am Markt 8. Da Graf Ulrich von Are 1162 seinen Herrenhof in Adenau den Johannitern schenkte, trägt Adenau den Beinamen Johanniterstadt. Seit dem Mittelalter bestand in der Kirchstraße 6 eine **Johanniter-Komturei**, in denen Ordensangehörige lebten.

ZUM HEIMAT-, ZUNFT- UND JOHANNITERMUSEUM gehört auch eine umfangreiche Dokumentation über den Johanniterorden und dessen Geschichte vom Jahr 1099 bis zur Gegenwart. Historische Hintergründe und vielfältige Informationen zur Stadtgeschichte und eine Münzsammlung runden die Ausstellung ab (Kirchstraße 2, Tel. 02691/27 73, heimatverein-adenau.de).

Neben der Komturei steht die **Pfarrkirche Sankt Johannes der Täufer**. Die romanische Gebäudesubstanz stammt aus dem 11. Jahrhundert. Im Seitenschiff steht ein romanischer Taufstein aus Basalt. Die evangelische

9

Marienkapelle aus dem Jahr 1914 in der Hauptstraße 20 ist als seltener Zentralbau ein Zeugnis neugotischer Kirchenbaukunst. Die evangelische Erlöserkirche am Dr.-Creutz-Platz zeigt neoromanische Elemente, wie sie auch die Erlöserkirche in Mirbach (siehe weiter unten) und die Erlöserkirche in Gerolstein (siehe Ziel 8) tragen. In beiden Fällen war Franz von Schwechten der Architekt. Das kleine historische Stadtviertel Buttermarkt mit schönen Fachwerkhäusern liegt am östlichen Ende Adenaus. Das älteste Haus am Buttermarkt stammt aus dem Jahr 1396.

Im Eifeler Bauernhausmuseum in der Schulstraße wird die bäuerliche Wohnsituation der jüngeren Vergangenheit gezeigt (Tel. 02691/30 57 04, stadt-adenau.de, adenau.de). Die Ruhe des Städtchens wird nicht selten durch Motorenlärm gestört. In Adenau versammelt sich zu den vielen Rennveranstaltungen auf dem nahen Nürburgring ein buntes Publikum, das auf der Hauptstraße auch mal die Motoren röhren lässt. Adenau ist die Wiege der weltbekannten Rennstrecke, die einen bedeutenden Wirtschaftsfaktor darstellt. Vieles in Adenau wird vom Motorsport bestimmt. Doch Adenau ist auch Ausgangspunkt in das Wandergebiet Hohe Acht zwischen Nürburgring und Jammelshofen.

Am historischen Marktplatz in Adenau

◀ Am Kreisverkehr in der Hauptstraße ▶ Szene eines Nürburgring-Rennens mit historischen Fahrzeugen

DIE HOHE ACHT ist mit 747 Metern der höchste Berg der Eifel. Auf der Basaltkuppe besteht vom Kaiser Wilhelm Turm bei guter Sicht eine herrliche Aussicht bis nach Köln und von den Ardennen bis zum Westerwald. Viele Wanderwege haben die Hohe Acht zum Ziel. Die kürzeste Möglichkeit, auf die Hohe Acht zu steigen, ist der einen Kilometer lange Spaziergang ab dem Wanderparkplatz an der Landstraße L 10. Oben gibt es einen Rundweg um die Kuppe.

NÜRBURG

Anfang des 12. Jahrhunderts wurde die Nürburg auf einem Basaltkegel erbaut, den schon die Römer nutzten. Durch drei Überfälle verkam sie zur Ruine und erfuhr im 19. Jahrhundert eine Sicherung ihrer Mauern. Heute thront sie als touristischer Anlaufpunkt mit Aussichtsplattform über dem Ort Nürburg und über dem Nürburgring (nuerburg.de).

NÜRBURGRING

Der 1927 eingeweihte Nürburgring ist Legende. Die Rennstrecke galt von Anfang an als weltweit anspruchsvollste und schönste der Welt. Der ursprüngliche Ring mit 28 Kilometern Länge war in ihrer Urform bis 1982 in Betrieb. Durch viele Unfälle mit tödlichem Ausgang wurde die Kritik immer lauter. 1984 baute man die über vier Kilometer lange Südschleife an. Sie galt zu dieser Zeit als sicherste Grand-Prix-Strecke der Welt. Heute ist immer etwas geboten, denn es werden jährlich über 100 Rennen gefahren. 2009 wurde ein großes **Freizeitzentrum** mit Achterbahn und Einkaufszentrum sowie das Eifeldorf Grüne Hölle mit Club, Hotel und Feriendorf in unmittelbarer Nähe der Rennstrecke errichtet. Doch die Investoren mussten Konkurs anmelden. Eine Holding übernahm den Nürburgring, und die Nord- und Südschleife sind heute zu 100 Prozent ausgelastet. Im neuen **»ring°werk«** können Besucher im Simulator über die Nordschleife rasen, Ferraris streicheln und vieles mehr (m.nuerburgring.de). 200 weitere Events, wie zum Beispiel Rock am Ring, locken viele Besucher an. Es ist auch möglich, gegen Gebühr selbst über die Nordschleife oder Südschleife zu fahren oder sich von Provis fahren zu lassen (nuerburgring-shop.de).

SCHULD

Der idyllische Ort im oberen Ahrtal liegt in einer Schleife am Fluss. Steil aufragende Felsen fassen das Tal ein und beschützen Schuld, das Ruhe ausstrahlt. Die Kulisse der Felsen an der Ahr inspirieren die Bewohner zum jährlichen Dorfgemeinschaftsfest »Ahrfelsen in Flammen«. Die große **römische Villa** in einem Wäldchen an der Römerstraße beweist die frühe Ansiedelung der Römer. Im Ortskern befindet sich in der Domhofstraße eine schöne **Bogenbrücke** aus Naturstein. Die **Kirche Sankt Gertrud** geht auf das 13. Jahrhundert zurück. Rund um den Ort wurden Wanderwege in das Ahrgebirge angelegt. Der Ahrsteig und der Ahr-Radweg führen durch Schuld. Zwei Restaurants an der Kirche haben jeweils eine Terrasse hoch über der Ahr. Es sind echte Genussplätze.

DER GEOPFAD SCHULD ist eine Zeitreise durch die geologische Geschichte der letzten 400 Millionen Jahre. Am Weg liegen herrliche Aussichten und der große römische Gutshof. Erstes Ziel des gut ausgeschilderten Weges ist die Martinshütte mit fantastischer Aussicht über Schuld. Auf dem Aussichtsfelsen Spicherley steht ein Pavillon. Am römischen Gutshof ist der Ort fast wieder erreicht (10 Kilometer bei 280 Höhenmeter Auf- und Abstieg, geopfad-schuld.de).

◀ Die Nürburg steht über dem Ring ▶ Die Bogenbrücke in Schuld

◀ Im historischen Ortskern von Hillesheim ▲ Im Kriminalhaus befindet sich das Krimiarchiv. ▼ In Aremberg finden sich romantische Nischen.

Tipp

Drei Kilometer von Schuld flussabwärts treibt das Wasser der Ahr die Schaufelräder der historischen Hahnensteiner Mühle an. Sie besteht mindestens seit 1556, aber das heutige Gebäude wurde 1729 erbaut. Heute produziert das Mühlrad Strom (Hahnensteinermühle 1, 53520 Dümpelfeld, Tel. 02695/93 15 54, hahnensteinermuehle.de).

AREMBERG

Der romantische Ort Aremberg und der gleichnamige Basaltberg liegen in einer wunderschönen Landschaft. Die Gegend ist ein vortreffliches Wandergebiet, durch das auch der Ahrsteig und der Fürstin-Margaretha-Weg führt. Das Naturschutzgebiet Aremberg, das den gesamten Vulkankegel umfasst, ist mit seinem alten Baumbestand selbst eine Sehenswürdigkeit. In Aremberg erfreuen pittoreske Fachwerkhäuser und die prunkvoll ausgestaltete Kirche Sankt Nikolaus. Der barocke Altar stammt aus dem Kloster Marienthal an der Ahr, dessen Kirche nur noch eine Ruine ist (siehe Ziel 10).

Auf dem Weg vom Dorf zur Burg hinauf steht in der Burgstraße 4 das historische Junkerhaus, das auf das 14. Jahrhundert zurückgeht. Heute zeigt es viele Details der Renaissance und des Barock (junkerhaus-eifel.de). Die Burg auf dem bewaldeten Berg wurde im 12. Jahrhundert von den Herren von Aremberg erbaut. Aus der mittelalterlichen Burganlage wurde später eine eindrucksvolle Renaissance-Festung, die 1682 von französischen Truppen zerstört wurde. Heute steht an Stelle der alten Festung ein Aussichtsturm, der aus deren Steinen erbaut wurde. Aber die Bäume sind schon längst höher als der Turm. Die 800 Meter südwestlich des Ortskerns stehende Schutzengelkapelle in der Kapellenstraße ist von Interesse, weil der Eingangsbogen vom ehemaligen herzoglichen Schloss auf dem Aremberg stammt.

EIN BESONDERER GENUSSORT ist die Burgschänke in Aremberg. Im Herbst sind Flammkuchen, Aremberger Kartoffel-Steinpilzsuppe und Wildgerichte angesagt. Verarbeitet werden viele Produkte aus der Region. Der Hauptgenuss zu allen Jahreszeiten ist die Aussicht von der Terrasse bis zur Hohen Acht (Burgstraße 23 Tel. 02693/3 91, burgschaenke-aremberg.de).

KELBERG

Im Süden dieses Zielgebiets liegt der Luftkurort Kelberg inmitten ausgedehnter Wälder mit Wander- und Radwegen. Der Vulkankegel Hochkelberg ist mit 674 Metern Höhe einer der höchsten Vulkanberge. Ein guter Aussichtspunkt ist der Jeckelsberg an der Landstraße L 70 westlich von Kelberg mit Blick über den Ort und Hochkelberg mit der Sendeantenne. Töpferkunst aus der Eifel erhalten Interessenten in der Töpferei Serocka (Zum Hochkelberg 34, 53539 Kelberg-Köttelbach, Tel. 02692/88 65, toepferei-serocka.de).

9

DIE ETAPPEN der 60 Kilometer langen Geschichtsstraße können mit dem Fahrrad oder zu Fuß entdeckt werden. Es ist eine Zeitreise in die Vergangenheit der Bräuche und Sitten unserer Vorfahren. Informationstafeln erzählen von keltischen Bauern, römischen Legionären und alten Handelsstraßen (geschichtsstrasse.de). Die 77 Kilometer lange Vulkan-Rad-Route-Eifel führt von Dümpelfeld an der Ahr über Kelberg und Bad Bertrich bis an die Mosel (vulkan-rad-route-eifel.de).

HILLESHEIM

Ganz im Norden der Vulkaneifel liegt, als Krimihauptstadt bekannt, das Städtchen Hillesheim. Das Kriminalhaus präsentiert alles, was das Herz des Krimiliebhabers schneller schlagen lässt, unter anderem 30 000 Krimis in der Bibliothek. Im Café Sherlock kann man entspannt zurückgelehnt bei Kaffee und Kuchen in Krimis blättern. In Deutschlands Krimihauptstadt gibt es den Eifel-Krimi-Wanderweg und andere Attraktionen wie Führungen der kriminellen Art. Doch Hillesheim lässt sich nicht auf die Krimihauptstadt reduzieren. Neben einem historischen Ortskern finden sich hier auch Restaurants, Cafés und Einkaufsmöglichkeiten. Die Hillesheimer Stadtmauer aus dem 13. Jahrhundert ist das Wahrzeichen der Stadt. Für geologisch Interessierte bietet sich im Hillesheimer Land der Geopfad an. Am Viehmarkt gibt es einen Wohnmobilstellplatz (hillesheim.de, krimiland-eifel.de).

◀ Die Hillesheimer Stadtmauer ▶ Durch den Tunnel kommt man in den Vulkan.

◀ Am Dreimühlen-Wasserfall ▶ An der Nohner Mühle gibt es Kaffee.

Tipp: Östlich von Hillesheim befindet sich der durchlöcherte Vulkan Arensberg. Im 19. Jahrhundert wurde der Berg als Basalt-Steinbruch ausgehöhlt. Durch einen Tunnel gelangen Besucher in den großen Kraterkessel, der an seinen Wänden verschiedene geologische Formationen zeigt. So erlebt man einen Blick in das Innere eines Vulkans (54578 Zilsdorf, Basaltstraße).

MIRBACH

Nördlich von Hillesheim liegt das kleine Dorf Mirbach, das mit dem sogenannten Eifeldom einen außergewöhnlichen Kunstschatz besitzt. Die neuromanische Erlöserkapelle ist mit prunkvollen Mosaiken und feinen Bildhauerarbeiten ausgestattet. Die Erlöserkapelle in Mirbach war Vorbild für die Erlöserkirche in Gerolstein (siehe Ziel 8).

DER GRÖNER HOF IN LOOGH ist eine Eifeler Hofkäserei und Rinderzuchtbetrieb. Im Hofladen gibt es verschiedene Eifeler Bergkäse und Camembert, Jungbullenfleisch, Rindersalami und andere Eifeler Spezialitäten. Im Restaurant können die Gäste die Käseherstellung verfolgen (Im Mühlenweg 3, 54578 Kerpen-Loogh, Tel. 06593/9 80 80 35, eifel-groener.de),

VOM WANDERPARKPLATZ an der Landstraße L 68 zwischen Nohn und Niederehe erreicht man mit einer Wanderung von einem Kilometer den Dreimühlen-Wasserfall. Über sechs Meter fällt das stark kalkhaltige Wasser über das Kalksinterplateau zum Ahbach hinunter. Auf dem Weg befindet sich die Nohner Mühle mit Cafégarten.

AUF EINEN BLICK

Info

STADT/REGION: Adenau, Nürburgring und Hillesheimer Land
BESTE REISEZEIT: April–Oktober
OPTIMALE REISEDAUER: 2–3 Tage
TOURISTINFO: Kirchstraße 15, 53518 Adenau, Tel. 02691/30 51 22, tourismus@adenau.de, hocheifel-nuerburgring.de

STELLPLATZ MOTORSPORTHOTEL NÜRBURG

ADRESSE: Hauptstraße 34, 53520 Nürburg, Tel. 02691/9 20 00, info@motorsporthotel.de, motorsporthotel.de
ANFAHRT: Von der A 1 Ausfahrt 114 Blankenheim und auf der L 115 und B 258 nach Nürburg
GPS: 50.339861 6.950444

Der Platz ist für Motorsportfreunde, die Einrichtungen des Nürburgrings und das »ring°werk« nutzen wollen, sehr zentral. Ruhe ist nicht zu erwarten, denn die Rennstrecke ist 200 Meter entfernt. Der ganzjährig nutzbare Kiesplatz liegt mitten im Ort hinter der Touristinformation und einem Restaurant. Zur Ausstattung gehören Strom, Wasser und Grauwasserentsorgung. Die Nürburg und das »ring°werk« mit Freizeiteinrichtungen und Museum sind 800 Meter entfernt. Guter Ausgangspunkt für die Rundwanderung Grüne Hölle, die immer wieder die Rennstrecke tangiert. Bis Adenau mit guten Geschäften, Kelberg und zum Wanderparkplatz Hohe Acht sind es jeweils zehn Kilometer. Entlang der Rennstrecke gibt es einige Parkplätze, auf denen auch Wohnmobile stehen dürfen. In Müllenbach ist ein Campingplatz.

CAMPINGPLATZ DORSEL STAHLHÜTTE

ADRESSE: An der B 258, 53533 Dorsel, Tel. 02693/438, campingfrings-muehle@t-online.de, camping-stahlhuette.de
ANFAHRT: Von der A 1 Ausfahrt 114 Blankenheim und auf der L 115 und B 258 nach Dorsel
GPS: 50.376778 6.796444

◀ Der Campingplatz Dorsel an der Ahr ▶ Auf dem Campingplatz Leuer

Der ganzjährig geöffnete Platz liegt zwischen der B 258 und der Ahr. Die Stellplätze sind befestigt und haben einen Wiesenstreifen. Das Sanitärgebäude ist mit Duschen und Einzelwaschkabinen, Waschmaschinen und Trockner ausgestattet. Jeder Stellplatz hat einen Strom- und Wasseranschluss und ein Abwassersystem. Die Ahr ist für Fahrten mit dem Kanu oder Schlauchboot geeignet. Wanderungen auf dem Rotwein-Wanderweg und Radtouren auf dem Ahr-Radweg sind möglich. Zum Nürburgring und nach Adenau sind es 15 Kilometer, in das mittlere Ahrtal 35 Kilometer. Zum Dreimühlen-Wasserfall und nach Schuld sind es 15 Kilometer, nach Aremberg 7 Kilometer.

CAMPINGPLATZ SCHULD/AHR

ADRESSE: Hauptstraße 101A, 53520 Schuld, Tel. 02695/15 34, info@campingplatz-schuld.de, campingplatz-schuld.de
ANFAHRT: Von der A 1 Ausfahrt 114 Blankenheim und auf der B 51, L 74 und L 165 nach Schuld
GPS: 50.480028 6.969056
Der ganzjährig geöffnete Wiesenplatz liegt zwischen der Landstraße und Ahr. Sanitärgebäude mit Duschen, Strom, Ver- und Entsorgungseinrichtung. Kiosk und Bistro. Schuld bietet viele Wandermöglichkeiten. Zum Nürburgring und nach Adenau sind es 23 Kilometer, in das mittlere Ahrtal 16 Kilometer.
Entlang der oberen Ahr befinden sich sehr viele Campingplätze wie etwa der idyllische Campingplatz Leuer, südlich von Ahrbruck/Brück.

SEHNSUCHTSPLÄTZE DER ROMANTIK

Rotwein und Fachwerk im Ahrtal

Die Ruine der barocken Klosterkirche

Schon die Römer liebten das milde Klima entlang der Ahr und pflanzten hier Wein an. Einige Burgruinen über dem Fluss erzählen von der strategischen und wirtschaftlichen Bedeutung des Ahrtals im Mittelalter. Im 19. Jahrhundert wurde das untere Ahrtal von Dichtern als Ursprung der deutschen Romantik entdeckt.

Das Ahrtal ist bekannt als Spätburgunderparadies, wobei der Frühburgunder eine regionale Besonderheit darstellt. Doch das Ahrtal ist mehr als nur Wein. Den Besuchern bietet sich eine große kulturelle und landschaftliche Buntheit. In den Herbstfarben ist das Ahrtal unwiderstehlich und durch die Ahrtalbahn und durch den Ahr-Radweg gemütlich zu erkunden. Doch zuweilen leidet das Tal aufgrund seiner Schönheit an einer Überzahl an Gästen, die ihre Motorräder und Cabrios an schönen Wochenenden ausfahren.

BAD NEUENAHR

Obwohl der Hauptort im unteren Ahrtal Bad Neuenahr-Ahrweiler eine verwaltungstechnische Einheit ist, zeigen die zwei Stadtteile eine sehr unterschiedliche kulturelle, architektonische und geschichtliche Entwicklung. Prachtvolle Bauten der Kaiserzeit, wunderschöne Gärten und Parks entlang der Ahr, die Spielbank und die Ahr-Thermen begründen den Ruhm von Bad Neuenahr. Das Heilbad mit elegantem Flair ist ein Ort für Gesundheit und Erholung (bad-neuenahr-ahrweiler.de, das-heilbad.de). Im Jahr 1861 wurde in Bad Neuenahr das Heilwasser »Der Große Sprudel« erbohrt. Durch besondere geologische Gegebenheiten verfügt das Wasser über einen hohen Gehalt an natürlich gebundener Kohlensäure und besonders vielen Mineralstoffen und Spurenelementen (das-heilwasser.de).

DIE RUINE DER REICHSBURG LANDSKRON steht auf einem solitären, über 270 Meter hohen Basaltkegel östlich von Bad Neuenahr. Schon die Römer hatten hier eine Aussichtswarte. Eine Wanderung dort hinauf schenkt eine umfassende Aussicht über das untere Ahrtal. Wer am Kurpark in Bad Neuenahr startet, läuft auf dem Ahrtalweg, steigt über Heppingen aufwärts, vorbei an der Marienkapelle aus dem Jahr 1212, zur Ruine Landskron (11 Kilometer bei 220 Metern Höhenunterschied).

10

ZUM RHEIN IST ES NICHT WEIT. Die Brücke von Remagen ist ein dramatischer Ort der amerikanischen Invasion im Zweiten Weltkrieg. Im Brückenkopf auf der Westseite des Rheins wurde ein Friedensmuseum eingerichtet. Ein berühmter Film stellt die Abläufe dar (Friedensmuseum, An der Alten Rheinbrücke 11, 53424 Remagen, bruecke-remagen.de).

AHRWEILER

Schon die Kelten und die Römer schätzten die geschützte Lage an der Ahr. Der Ort mit seinen historischen Stadtmauern und alten Fachwerkhäusern strahlt einen rustikalen, mittelalterlichen Charme aus und ist daher einer der touristischen Hauptanlaufpunkte im unteren Ahrtal. Ahrweiler trägt ein sehenswertes kulturelles Erbe in der Weinbautradition und ist die Rotweinmetropole im Ahrtal.

DER AHRWEILER WINZER-VEREIN bietet Weinproben und Führungen im historischen Gewölbekeller an. Im Ahrwein-Shop wird die gesamte Palette der Ahrweine präsentiert. Das AhrWein-Forum ist eine permanente Ausstellung über den Weinanbau (Walporzheimer Straße 19, 53474 Bad Neuenahr-Ahrweiler, Tel. 02641/3 43 76, ahrweiler-winzerverein.de).

◀ Fachwerkhäuser in Ahrweiler ▶ Die Stadtwache steht am Marktplatz.

◀ Das Ahrtor ist das größte Stadttor von Ahrweiler. ▲ Tief im Keller reifen die Weine. ▼ Herbst im Ahrtal

SEHENSWERTES IN AHRWEILER

Die mittelalterliche **Stadtmauer** mit fast vollständig erhaltenem Wehrgang und die vier massiven **Stadttore** stammen aus dem 13. Jahrhundert. Das **Ahrtor** bildet den heutigen Haupteingang im Süden und das **Niedertor** ist der Haupteinlass im Norden. Innerhalb der Mauern erleben Besucher zwischen malerischen **Fachwerkhäusern** Geschichte hautnah. Hervorzuheben ist das **Wolff'sche Haus** in der Niederhutstraße 42, ein Fachwerkgebäude aus dem Jahr 1621 mit einem reich verzierten Erker. Im ehemaligen adeligen Anwesen **Blankartshof** aus dem Jahr 1680 residiert heute die Touristinformation. Die **Ahrhutstraße**, vom Ahrtor ausgehend, ist eine der Flaniermeilen mit Geschäften, Fachwerkhäusern, Cafés und Restaurants. Am belebten **Marktplatz** steht mit der gotischen **Sankt Laurentiuskirche** aus dem 13. Jahrhundert die älteste Hallenkirche im Rheinland. Gegenüber der Kirche ist die spätbarocke **Stadtwache** zu finden, die 1780 erbaut wurde.

Außerhalb der Stadtmauer befindet sich am Fuß des Silberbergs die **Römervilla** Ahrweiler. Die Überreste zeigen ein großes römisches Herrenhaus. Neben exzellent erhaltenen Mauern präsentiert das Museum eine Badeanlage, eine Küche sowie komplett erhaltene Fußbodenheizungssysteme (bad-neuenahr-ahrweiler.de/roemervilla-ahrweiler). Oberhalb der Römervilla finden Besucher ein einzigartiges Zeugnis des Kalten Krieges. Der **Regierungsbunker** war einst das geheimste Bauwerk

Schwindelerregender Aufstieg zur Teufelslei

Deutschlands. Bis 1971 wurden zwei Eisenbahntunnel zum atomsichereren Bunker umgebaut, eine Stadt im Berg, in der Regierungsmitglieder im Ernstfall die Regierung hätten aufrechterhalten können. Ein Teilstück wurde zur Dokumentationsstätte Regierungsbunker und zeigt Besuchern ihre Geheimnisse (regbu.de).

KULINARISCHE GENÜSSE sind in den Weinbergen über Ahrweiler zu finden. Das Weingut Altenwegshof (altenwegshof.de) und das Weingut Försterhof (foersterhof.de) sind beliebte Weinrestaurants mit Gartenbetrieb. Am Parkplatz an der Straße Am Silberberg zu den Weingütern befinden sich im Sommer fidele Weinbuden mit Aussicht über Ahrweiler.

VON DEN WEINORTEN gibt es viele Wanderwege in die Weinberge hinauf. Zur Erkundung des ganzen Ahrtals ist eine beliebte Möglichkeit der Rotweinwanderweg (ahr-rotweinwanderweg.de), der sich über 35 Kilometer durch die Weinbergterrassen zieht. Der anspruchsvolle AhrSteig (ahrsteig.de) ist von der Quelle der Ahr bis zur Mündung 100 Kilometer lang. Der Ahr-Radweg (ahrtal.de/aktivitaeten/radfahren) schlängelt sich 77 Kilometer am Fluss entlang.

AUF DEM ERLEBNISPFAD »Mit Weinbergschnecke Lotta durch den Weinberg« erleben Kinder, was im Weinberg so alles passiert. Dazu gehören neun Informationstafeln im Gelände, die ein zu lösendes Rätsel ergeben. Der Pfad beginnt am Adenbachsweg in Ahrweiler und ist drei Kilometer lang (Rätselbroschüre in der Touristinformation Ahrweiler, ahrtal.de).

WALPORZHEIM

Der traditionsreiche Weinort Walporzheim ist heute ein Stadtteil von Bad Neuenahr-Ahrweiler. Das Ahrtal ist hier von steilen Felsformationen geprägt, von denen die bekannteste die »Bunte Kuh« ist. In den Steillagen wurden auch römische Münzen gefunden. Das älteste Gasthaus im Ahrtal ist Sanct Peter aus dem Jahre 1246 in der Walporzheimer Straße 134. Die Geschichte des historischen Gasthauses Sanct Peter an der Ahr geht bis in das Jahr 600 zurück. Von 1246 bis 1805 war es Weingut des Kölner Domstifts (walporzheim.de, sanct-peter.de).

KLOSTER MARIENTHAL

In der nächsten Schleife der Ahr flussaufwärts folgt der Weiler Marienthal, dessen mystische Klosterruine Marienthal ein Besuchermagnet ist. Das ehemalige Augustinerinnenkloster geht auf das 12. Jahrhundert zurück. Nach der Zerstörung im Dreißigjährigen Krieg wurde es im Zuge der

Morgenstimmung in den Ahrbergen bei Effelsberg

Säkularisation auf Abbruch verkauft. Erhalten sind die barocke Ruine der Klosterkirche und das Äbtissinnenhaus. Der Innenhof zwischen neueren Gebäuden des Weinguts Marienthal und früherem Kreuzgang ist heute ein stimmungsvoller Gastgarten des Weinguts. Auf einer Wanderung von Ahrweiler zum Kloster Marienthal ist dies eine wunderbare Einkehrmöglichkeit (weingut-kloster-marienthal.de).

DERNAU

Das Kloster Marienthal liegt auf der Gemarkung des romantischen Weindorfes Dernau. Am Fuß der Dernauer Rebenhänge wurde eine römische Brand- und Scherbenschicht lokalisiert und eine römische Villa entdeckt. Erstmals wurde Dernau im Jahre 893 urkundlich erwähnt. Die Pfarrkirche Sankt Johannes Apostel geht in ihren Ursprüngen bis in das 9. Jahrhundert zurück (dernau.de).

DER KRAUSBERG SÜDLICH DER AHR ist der Hausberg des Weinortes Dernau. Auf ihm steht das bevorzugte Wanderziel Krausbergturm. Von Dernau aus ist es nur wenig mehr als einen Kilometer weit, aber steile 250 Höhenmeter hinauf. Wenn auf dem Krausbergturm die Fahne weht, ist die nebenstehende Krausberghütte bewirtschaftet. Ein gutes Ziel, belohnt doch auch ein herrliches Panorama den Aufstieg. Bei klarer Sicht soll man sogar der Kölner Dom sehen können (krausberg-dernau.de).

◀ Am Weingut Försterhof ▶ Die Vierbogenbrücke in Rech

Auf dem Rotweinwanderweg ist viel los.

RECH UND MAYSCHOSS

Im kleinen Weinort Rech, das zur Gemeinde Altenahr zählt, sind Weingüter und einige Restaurants zu finden. Die fotogene Nepomukbrücke aus Bruchsteinen ist ein Kulturdenkmal, das im 18. Jahrhundert errichtet wurde (rech-weindorf.de).

Der Weinort Mayschoß gehört flussaufwärts wie Rech ebenfalls zur Gemeinde Altenahr. Die Ruine der Saffenburg befindet sich auf einem Felsmassiv hoch über Mayschoß in einer Schleife der Ahr. Im Verlauf des Spanischen Erbfolgekriegs wurde 1704 die bereits stark beschädigte Burg gesprengt. Heute sind nur noch Grundmauern erhalten. Die Ruine der Saffenburg ist zugänglich, und vom Burgfried aus hat man einen einzigartigen Rundblick über das Ahrtal. Die Winzergenossenschaft Mayschoß-Altenahr bewirtschaftet eine Hütte an der Saffenburg. Zu allen Zeiten können Wanderer aus dem Weinautomaten neben der Hütte eine Flasche ziehen (wg-mayschoss.de/die-saffenburg). Bekannt ist Mayschoß auch wegen des Fahrradtunnels des Ahr-Radweges, der in einem alten Eisenbahntunnel durch das Felsmassiv unter der Saffenburg hindurchführt (mayschoss.de).

◀ In Mayschoß führt der Ahr-Radweg durch den Berg. ▲ Aufstieg zur Teufelslei ▼ Straßenszene in Altenahr

ALTENAHR

Im engen, wildromantischen Abschnitt des Ahrtals versperrte einst das Felsmassiv der Breitlei den Weg in das mittlere Ahrtal und in das 1 000 Jahre alte Altenahr. 1833 wurde der erste Straßentunnel des damaligen Preußens nach Altenahr gebaut. Der Felsdurchbruch gilt als Ausgangspunkt für den Fremdenverkehr im Ahrtal und Altenahr ist heute vom Fremdenverkehr stark frequentiert. Umgeben von einer bizarren Felslandschaft mit herrlichen Aussichten ist der Ort Ausgangspunkt für den Rotweinwanderweg oder den AhrSteig. Die bekannteste Sehenswürdigkeit ist die mächtige Ruine der **Burg Are** aus dem 11. Jahrhundert. Von der Ortsmitte sind es nur 500 Meter bei 60 Höhenmetern bis zur Burg hinauf und viele Besucher genießen die schöne Aussicht vom Pavillon auf dem ehemaligen Bergfried. Die romanische **Basilika Maria Verkündung** im Ortskern geht auf das 12. Jahrhundert zurück. Die **Winzergenossenschaft Mayschoß-Altenahr** ist mit dem Gründungsjahr 1868 die älteste Winzergenossenschaft der Welt (wg-mayschoss.de). Im südwestlichen Ortsteil Kreuzberg thront die **Kreuzburg** über der Ahr. Die meisten heute existierenden Gebäude stammen aus dem 18. Jahrhundert. Außer der Burgkapelle ist die Burg nicht zu besichtigen. Die Kreuzburg ist die einzige bewohnte Burg im Ahrtal (altenahr.de).

Ein Naturjuwel ist das Langfigtal in der Mäanderschleife der Ahr bei Altenahr. Von Altenahr aus führen der AhrSteig und ein vier Kilometer langer geologischer Rundwanderweg durch das Tal. Das Naturschutzgebiet ist Lebensraum seltener Vögel und wildwachsender Pflanzen. Die Trockenmauern der brachliegenden Weinbergterrassen bieten Lebensraum für wärmeliebende Tiere und Pflanzen.

Tipp

Die Sommerrodelbahn mit sieben schnellen Kurven oberhalb von Altenahr bietet Erwachsenen und Kindern ein kurzweiliges Vergnügen. Oder die Eltern warten im Gartenlokal. Freude haben Kinder auch an Ziegen, Eseln, Schafen und Kaninchen und am Ponyreiten (Rossberg 143, 53505 Altenahr, Tel. 02643/23 21, sommerrodelbahn-altenahr.de).

EINE ANSPRUCHSVOLLE TOUR mit Hochgebirgscharakter führt zu bizarren Felsformationen mit den schönsten Aussichtsplätzen über Altenahr. Die Stationen sind Burg Are, Teufelslei, Schrock und Teufelsloch (10 Kilometer bei 500 Höhenmetern. Schwere Tour meist auf Pfaden durch Wälder und im Felsgebiet. Absolute Schwindelfreiheit sowie alpine Erfahrung und Bergschuhe mit griffigen Sohlen unbedingt erforderlich. Auskunft Touristinformation Altenahr, altenahr-ahr.de).

RADIOTELESKOP EFFELSBERG

Von Altenahr erreichen Interessierte nach 16 Kilometern in den Ahrbergen das Radioteleskop Effelsberg. Die Anlage ist eine der bekanntesten Sehenswürdigkeiten der Gegend. Die Radioteleskope des Radio-Observatoriums Effelsberg sind hochempfindliche Empfangsanlagen für extrem schwache Radiosignale von astronomischen Quellen aus den Tiefen des Universums in bis zu 12 Milliarden Lichtjahren Entfernung. Im Besucherpavillon gibt es Vorträge, Bild- und Videopräsentation. Das Aussichtsplateau ermöglicht den Blick auf das 100-Meter-Radioteleskop. Ein 800 Meter langer Planetenwanderweg, der Galaxienweg über 2,6 Kilometer und der Milchstraßenweg über 4 Kilometer vermitteln eine Vorstellung von den Dimensionen im Weltall (Max-Planck-Straße 10, 53912 Effelsberg, mpifr-bonn.mpg.de/effelsberg).

AUF EINEN BLICK

Info

STADT/REGION: Ahrtal
BESTE REISEZEIT: April–Oktober
OPTIMALE REISEDAUER: 2–3 Tage
TOURISTINFO: Blankartshof 1, 53474 Bad Neuenahr-Ahrweiler, Tel. 02641/9 17 10, info@ahrtal.de, ahrtal.de

STELLPLATZ UND CAMPINGPLATZ AHRWEILER AM AHRTOR

ADRESSE: Kalvarienbergstraße 1, 53474 Ahrweiler, Tel. 02641/265 39, info@camping-ahrweiler.de, camping-ahrweiler.de
ANFAHRT: Von der A 61 Ausfahrt 30 Bad Neuenahr-Ahrweiler und auf der B 267 nach Ahrweiler
GPS: 50.538972 7.095944

Der ganzjährig geöffnete Platz auf teilweise beschatteter Wiese und Kies liegt idyllisch direkt an der Ahr. Die Ausstattung umfasst ein Sanitärgebäude mit WC und Dusche, Stromanschlüsse und Ver- und Entsorgungseinrichtung. Eine Reservierung ist unbedingt empfehlenswert. Bis zum Ahrtor in der Altstadt mit Restaurants und Geschäften sind es 300 Meter, bis zur Römervilla 1,2 Kilometer und bis zur Dokumentationsstätte Regierungsbunker 2 Kilometer. Bis zum Bahnhof der Ahrtalbahn, mit der das gesamte Ahrtal bequem zu erkunden, ist sind es 800 Meter. Die Einstiege in den Ahrtal-Radweg und in den Rotweinwanderweg liegen ebenso nahe. Des Weiteren gibt es noch anspruchslose Stellmöglichkeiten ohne jede Einrichtung am Apollinaris-Stadion in der Kreuzstraße in Bad Neuenahr und in der Straße Am Schwimmbad in Ahrweiler.

STELLPLATZ MAYSCHOSS

ADRESSE: Rotweinstraße 47, 53508 Mayschoß, Tel. 02643/902 24 35, info@genussbahnhof.de, genussbahnhof.de.
ANFAHRT: Von der A 61 Ausfahrt 30 Bad Neuenahr-Ahrweiler und auf der B 267 nach Mayschoß
GPS: 50.517528 7.020222

◀ Blick auf den Campingplatz Altenahr ▶ Der Stellplatz am Ahrtor ist oft bis zum letzten Platz gefüllt.

Der ganzjährig geöffnete Stellplatz befindet sich auf einem großen, asphaltierten, schattenlosen Parkplatz am Bahnhof. Die Ausstattung umfasst Stromanschlüsse und Ver- und Entsorgungseinrichtung. Eine Reservierung ist in der Hauptsaison empfehlenswert. Der Bahnhof der Ahrtalbahn und ein Restaurant sind am Platz. Die Wanderung zur Saffenburg ist zwei Kilometer lang. Die Einstiege in den Ahrtal-Radweg und in den Rotweinwanderweg sind in unmittelbarer Nähe. In Mayschoß existiert in der Sonnscheidstraße über dem Ort auch der Campingplatz Burgwiese (ahr-camping.de).

CAMPINGPLATZ ALTENAHR

ADRESSE: Camping 53505 Altenahr Tel. 02643/85 03, info@camping-altenahr.de, camping-altenahr.de

ANFAHRT: Von der A 61 Ausfahrt 30 Bad Neuenahr-Ahrweiler und auf der B 267 nach Altenahr

GPS: 50.513389 6.986528

Der von Mitte Mai bis Ende Oktober geöffnete Wiesenplatz ist teilweise beschattet und liegt direkt an der Ahr. Die Ausstattung umfasst ein Sanitärgebäude mit WC und Dusche, Stromanschlüsse und Ver- und Entsorgungseinrichtung. Ein Restaurant ist am Platz. Bis in die Ortsmitte mit Restaurants und Geschäften und bis zum Bahnhof der Ahrtalbahn ist es einen Kilometer weit. Die Wanderung bis zum Teufelsloch ist einen Kilometer weit. Auf der Strecke von sechs Kilometern flussaufwärts zwischen Altenahr und Ahrbrück gibt es fünf weitere Campingplätze

LANDURLAUB FÜR ERMÜDETE SEELEN

Maifeld und die Eifeler Moselberge

Das Maifeld ist die Kornkammer der Eifel.

11

Ein langes Wochenende in den Eifeler Moselbergen oder in der Landschaft Maifeld ist perfekt für Naturliebhaber, Wanderer, Radfahrer und Genießer. Das Gebiet macht nicht mit lauten Tönen auf sich aufmerksam. Es sind eher die ruhigen Klänge und Akzente, die Erholung, Herzensruhe und Befriedigung bedeuten.

Die Urlaubsregion Moseleifel bietet sanfte Landschaft und anregende Natur in verschiedenen Facetten. Leicht hügelige Landstriche mit Weitblick über gelbe Rapsfelder oder goldgelbe Kornfelder im Maifeld und Obstbäume und Wald in der Wittlicher Senke versprechen ländliche Idylle. Hinter den Mauern der typischen Höfe öffnen sich malerische Gärten und lauschige Ecken. In den Hofläden werden die Früchte der Region verkauft. In vielen alten Ställen und Scheunen wurden Restaurants und Cafés mit ländlich-historischem Flair untergebracht, die zur Einkehr bei lokalen Produkten einladen.

WITTLICH

Die Stadt Wittlich ist der größte Ort in diesem Zielgebiet. Von der Besiedelungsgeschichte erzählt die riesige römische **Villa Rustica** an der Lieser. Einst war dieser Bau eines der größten Landgüter nördlich der Alpen. Von der Geschichte Wittlichs berichtet auch das **Türmchen** in der Burgstraße 57. Das quadratische Gebäude stellt den Rest der mittelalterlichen Stadtbefestigung dar, obwohl der jetzige Wächterbau überwiegend aus dem 18. Jahrhundert stammt. Die **Löwenfratze** in der Außenwand war ein Guckloch. In der Burgstraße zeugt ein Portal mit der Jahreszahl 1685 von alter Bausubstanz. In der Mitte der Altstadt dominiert die frühbarocke **Kirche Sankt Markus** mit reich verzierten Schnitzarbeiten an Chorgestühl und Altären. Der **historische Marktplatz** wird von einem Ensemble schöner Bürgerhäuser geschmückt. Die **Alte Posthalterei**, ein Barockbau aus dem 18. Jahrhundert, war von 1726 bis 1854 als Station der Postroute Trier-Koblenz in Funktion. Das heutige **Hotel Well** gegenüber dem Rathaus ist ein prachtvoller Renaissance-Bau aus dem 17. Jahrhundert. Das **Alte Rathaus** geht auf das Jahr 1647 zurück. Der Bau beherbergt heute die Städtische Galerie. An der Ecke des Alten Rathauses steht die **Figur eines Schweines**, das als Symbol für die Säubrenner-Stadt Wittlich steht.

11

Die Bürger feiern jährlich die Säubrennerkirmes und rösten dabei auf dem Marktplatz 100 Säue. Wittlich wirbt als Einkaufsstadt mit 100 Geschäften in gemütlichem Ambiente. Eine Besonderheit ist der Weinanbau bei Wittlich (wittlich.de).
Gemäß der Säubrenner-Sage soll im Mittelalter ein Nachtwächter den Riegel für das Stadttor verloren und diesen durch eine Rübe ersetzt haben. Nachts sei die Rübe von einer Sau gefressen, das Tor aufgesprungen und die Stadt von den Belagerern geplündert worden sein. Seither wird Wittlich die Stadt der Säubrenner genannt.

AUSGEWIESENE WANDERWEGE sind die Säubrennerroute, der Lieserpfad, die Mühlenroute und weitere Themenwege durch das Wittlicher Land. Radfahrer kommen auf ihre Kosten, beispielsweise auf den Radwegen Wittlicher Senke oder Maare-Mosel-Radweg (moseleifel.de, eifel.info, lieserpfad.de und maare-moselradweg.de).

Tipp

Im Demeterhof Breit leben Kühe, Hühner und Schweine. Auf den Feldern wächst das Futter für die Tiere und das Gemüse für den Hofladen. In der Käserei wird die Milch der eigenen Kühe verarbeitet. Außerdem werden Produkte anderer Biobetriebe aus der Region angeboten (Hinter der Breit, 54516 Wittlich, Tel. 06571/26 46 79, demeterhofbreit.de).

Blick über Niederremmel an der Mosel

◀ Blick auf die frühbarocke Kirche Sankt Markus in Wittlich

▶ Die Wallfahrtskirche Maria Heimsuchung in Klausen

KLAUSEN

15 Kilometer südlich von Wittlich befindet sich nahe der Mosel der Wallfahrtsort Klausen. Jährlich pilgern über 100 000 Menschen in die **Kirche Maria Heimsuchung**. Alles begann mit einer Klause im Jahr 1442. Die heutige Wallfahrtskirche wurde 1502 eingeweiht. Der **Hochaltar** stammt aus dem Jahr 1480. Das Kloster wurde 1461 geweiht. Die Pilgerwege Mosel-Camino und Eifel-Camino durchstreifen Klausen (klausen.de). Auf dem Parkplatz in der Trierer Straße dürfen Wohnmobile auch über Nacht stehen. Nach drei Kilometern auf der Landstraße L 50 in Richtung Piesport öffnet sich an einem Aussichtspunkt ein herrliches **Moselpanorama**. Über die Pestkapelle hinweg erfasst der Blick die Moselschleife von Neumagen-Dhron über Piesport bis Niederremmel. Am Horizont stehen die Hügel des Hunsrücks.

15 Kilometer westlich von Klausen steht auf dem 448 Meter hohen Kellerberg bei Dierscheid ein 22 Meter hoher, dreieckiger Aussichtsturm. Nach einem kurzen Aufstieg von Dierscheid kann man vom Turm weit in die Eifel und in den Hunsrück schauen. Der Kellerberg ist die höchste Erhebung im Wittlicher Land (dierscheid.de).

Tipp

Weite Landschaft bei Lonnig

BURG RAMSTEIN

Die malerische Ruine der Burg Ramstein bei Kordel steht im Kylltal auf einem Sandsteinfelsen. Bereits im 10. Jahrhundert ließ der Erzbischof von Trier an Stelle eines älteren Vorgängerbaus ein befestigtes Haus errichten. Während des Pfälzischen Erbfolgekriegs wurde die Anlage von französischen Soldaten gesprengt. Vor der Burg befindet sich ein Wohnmobilstellplatz. Auf der Aussichtsterrasse des Gasthauses an der Burg Ramstein zu sitzen und ein Bier zu trinken, ist nicht die einzige Attraktion der Gegend (burgramstein.de).

Bei Wanderern ist das wilde **Butzerbachtal** sehr beliebt. Der Römerpfad leitet durch die spektakuläre Wildnis der Butzerbachschlucht, die an einigen Stellen nur über schwankende Hängebrücken zu bewältigen ist. Führt man am Ende des Butzerbachtals die Wanderung als Rundweg auf dem Römerpfad fort, wird man mit abwechslungsreichen Höhepunkten überrascht. Fantastische Aussichtspunkte auf schwindelerregende Felsen wechseln sich ab mit Höhlen und kulturhistorischen Zeugnissen der Römer und Kelten. Am Ende des Bachtals kommen die Wanderer zum römischen Kupferbergwerk mit dem Namen **Putzlöcher** hinauf. Hier wurde von der Antike bis in die Neuzeit Erz gewonnen. Außerdem dienten Steinquader aus diesem Bruch zum Bau der Porta Nigra in Trier. Auf der Hochfläche findet man eine teilweise rekonstruierte römische **Langmauer**, die einst mit 72 Kilometern Länge eine kaiserliche Domäne umfasste. Die Farben des Sandsteins an der berühmten **Genovevahöhle** faszinieren und erinnern an die Farbenpracht der Felsen im jordanischen Petra. In der Klausenhöhle sollen noch bis ins 18. Jahrhundert Eremiten gelebt haben. Vom Felsen Geyersley besteht gute Aussicht zur Burg Ramstein.

BAD BERTRICH

Das Staatsbad Bad Bertrich verdankt seine Entstehung der Glaubersalz-Heilquelle. Auch die Römer hatten an dieser Stelle ihre Badehäuser erbaut. Die Vulkaneifeltherme und verschiedene Kurkliniken sind heute Anlaufpunkte für genesende und gesundheitsbewusste Menschen. Wohnmobilfahrer können mit der Therme auch den Wohnmobilstellplatz in Bad Bertrich nutzen (bad-bertrich.de).

AUCH DIE GEGEND UM BAD BERTRICH bietet kurzweilige Wanderungen. Spektakulär ist der Skywalk auf dem Erlebnisweg Achterhöhe bei Lützerath. In Lützerath gibt es einen Wohnmobilstellplatz (lutzerath.de). Andere Ziele um Bad Bertrich sind zum Beispiel der Hohenzollernturm, der Bismarckturm, die Elfengrotte oder die Wanderung Ritter-Räuber-Römer.

◀ Die Burg Ramstein überwachte einst das Kylltal. ▶ Im wilden Butzerbachtal gibt es einige Hängebrücken.

11

DER WANDERWEG entlang der wildromantischen Endert führt 20 Kilometer weit von Ulmen nach Cochem. Am ursprünglichen Bach standen einst über 30 Mühlen. Teilweise ist der Taleinschnitt stark zerklüftet. 2019 wurde der Pfad zu Deutschlands schönstem Wanderweg gewählt (gesundland-vulkaneifel.de/wilde-endert). An der Winneburg im Tal der wilden Endert gibt es einen Campingplatz (Wilde Endert 1, 56812 Cochem, Tel. 02671/916 66 40).

MAIFELD

Die wellige Landschaft Maifeld zwischen den Flusstälern von Mosel, Rhein, Nette und Elz wird schwärmerisch als »Toskana der Eifel« bezeichnet. Das fruchtbare Land wird für den Getreideanbau genutzt. Dies ermöglicht weite Blicke über die farbenprächtige Landschaft. Im Frühjahr dominieren die leuchtendgelben Rapsfelder und im Sommer bestimmen gelbgoldene Kornfelder das Bild. Weithin sichtbar steht über der Landschaft das historische Städtchen Münstermaifeld. Die kleine historische Altstadt umgibt eine große Geschichte. Die gewaltige, doppeltürmige Stiftskirche Sankt Martin und Sankt Severus steht auf den Fundamenten einer römischen Wachturmanlage. Die erste Kirche entstand an dieser Stelle im 6. Jahrhundert in merowingischer Zeit. Ein ausgeschilderter historischer Stadtrundgang durch die Gassen mit ihren eindrucksvollen Höfen und Stadthäusern ist ein Streifzug durch die Geschichte.

◀ Die Stiftskirche in Münstermaifeld ▶ Das Heimatmuseum Münstermaifeld

Die stolze Burg Elz

IN DER HISTORISCHEN PROBSTEI AM MÜNSTERPLATZ gibt es neben der Touristinformation das Archäologische Museum und das Heimatmuseum, das alles andere als angestaubt ist. Die originalgetreu eingerichteten Läden und Werkstätten aus den 1920er bis 1950er Jahren machen das Heimatmuseum zu einem liebevollen Erlebnisraum für Groß und Klein (maifeldurlaub.de).

DER TRAUMPFAD NETTE-SCHIEFERPFAD, der Nette-Natur-Weg und andere Themenwege locken zum Wandern auf dem Maifeld. Der gemütliche, 19 Kilometer lange Maifeld Radweg auf den Trassen der stillgelegten Eisenbahn zwischen Münstermaifeld und Mayen ist gerade für Familien und Genussradler gut geeignet (maifeldurlaub.de, eifel.info/a-maifeld-radwanderweg).

ELZER LAND

Wie ein Magnet ziehen die Burg Pyrmont und die Burg Eltz Besucher an. Die Burg Pyrmont aus dem 12. Jahrhundert und der Wasserfall erschließen sich am schönsten auf dem elf Kilometer langen Pyrmonter Felsensteig (burg-pyrmont.de). Die Burg Eltz gilt als Idealbild der deutschen Ritterburg (burg-eltz.de). Sie blieb über die Jahrhunderte hinweg unzerstört in Familienbesitz. Die schönsten Panoramabilder schenkt der zwölf Kilometer lange Rundweg Eltzer Burgpanorama, der die Burg Eltz umrundet (traumpfade.info/pfad/traumpfad/eltzer-burgpanorama).

AUF EINEN BLICK

Info

STADT/REGION: Maifeld und die Eifeler Moselberge
BESTE REISEZEIT: April–Oktober
OPTIMALE REISEDAUER: 2–3 Tage
TOURISTINFO: Marktplatz 5, 54516 Wittlich,
Tel. 06571/40 86, info@moseleifel.de, moseleifel.de

STELLPLATZ WITTLICH

ADRESSE: Zweibächenweg, 54516 Wittlich Tel. 06571/40 86, info@stadt.wittlich.de, wittlich.de
ANFAHRT: Von der A 1 Ausfahrt 125 Wittlich-Mitte nach Wittlich
GPS: 49.994389 6.875917
Der ganzjährig geöffnete Wiesenplatz mit jungen Bäumen liegt im Nordwesten der Stadt zwischen der Lieser und den Weinbergen. Der Aufenthalt ist auf drei Tage beschränkt. Die Ausstattung umfasst Wasseranschluss und Abwasser sowie Chemie-WC Entsorgung. Der Fußweg in die Altstadt mit Restaurants und Geschäften ist durch den Stadtpark oder entlang der Lieser 1,5 Kilometer lang. Zum Vitellius-Freibad ist es 700 Meter weit. Tennisplatz, Reitanlage und ein Weingut sind benachbart. Vom Stellplatz kann man in die Weinberge hinaufsteigen und kommt so an einige Aussichtspunkte. Einige ausgeschilderte Wanderwege und Radwege sind vorhanden.

STELLPLATZ BAD BERTRICH

ADRESSE: Kurfürstenstraße 80, 56864 Bad Bertrich, Tel. 02674/93 22 22, bad-bertrich@gesundland-vulkaneifel.de, eifel.info/a-wohnmobilstellplatz-bad-bertrich
ANFAHRT: Von der A 1 Ausfahrt 122 Manderscheid und auf der L 16 und B 421 nach Bad Bertrich
GPS: 50.069278 7.038611
Der ganzjährig geöffnete, gepflasterte und schattenlose Platz liegt auf einem Großparkplatz südöstlich des Ortes. Ausstattung: Stromanschlüsse, Ver- und Entsorgungseinrichtung. Auf dem Parkplatz befindet sich eine öffentliche Toilette. Zum Zentrum mit Restaurants und Geschäften und zum Landschaftstherapeutischen Park Römerkessel

Parkplatz und Wohnmobilstellplatz in Klausen

sind es 500 Meter, zur Therme 1,3 Kilometer. Um den Ort gibt es einige Wanderziele wie die Elfengrotte oder Aussichtstürme in den Hügeln.

STELLPLATZ MÜDENER BERG

ADRESSE: Müdener Berg, 56254 Müden Tel. 02672/610, info@mueden-mosel.de, mueden-mosel.de
ANFAHRT: Von der A 48 Ausfahrt 6 Mayen und auf der L 82 und L 110 nach Müdener Berg
GPS: 50.198389 7.339778
Der einfache, geschotterte Stellplatz verfügt über keinerlei Einrichtungen. Der Aufenthalt ist auf zwei Nächte beschränkt. Der Platz ist ideal für die zwei Kilometer lange Wanderung zur Burg Eltz. Die Wanderung zur Mosel hinunter ist drei Kilometer lang.

STELLPLATZ MÜNSTERMAIFELD

ADRESSE: An den Gärten 6, 56294 Münstermaifeld, Tel. 02605/47 07, info@maifeldurlaub.de, maifeldurlaub.de
ANFAHRT: Von der A 48 Ausfahrt 7 Polch und auf der L 113 nach Münstermaifeld
GPS: 50.245806 7.36775
Ganzjährig nutzbarer, gepflasterte Platz auf dem Parkplatz vor der Stadthalle. Er verfügt über keinerlei Einrichtungen. In die Altstadt mit Restaurants und Geschäften ist es 600 Meter weit.

VULKANREGION LAACHER SEE

SteinZeiten, Römerwelten und Natur in der Osteifel

Die Basilika der Benediktiner-Abtei Maria Laach

Im Landstrich zwischen Rhein, Mosel, Laacher See und Hoher Eifel sind erloschene Vulkane, Burgruinen, Schlösser, Wacholderheiden, Wiesen, Wälder und Bäche zu finden. Diese Mischung aus üppiger Natur, Vulkanismus und Kulturgütern bietet vielseitig interessierten Besuchern eine breite Palette an Aktivitäten.

Das Hügelland Pellenz im nordwestlichen Teil des Mittelrheinischen Beckens ist eine ruhige Landschaft für Wanderer und Radfahrer. Am östlichen Rand der Pellenz liegt, umgeben von reizvoller Waldlandschaft, die geschichtsträchtige Stadt Mayen, immer im Blick die Reihe erloschener Vulkane. Die Deutsche Vulkanstraße reiht die geologischen und kulturhistorischen Sehenswürdigkeiten wie Perlen auf eine Schnur. Die touristische Straße beginnt am Laacher See und führt in einigen Schleifen durch die Erdgeschichte Mitteleuropas über Hohe Acht bis nach Ulmen, Daun und Gerolstein.

REGION LAACHER SEE

Der Laacher See ist mit seiner Schönheit und den Möglichkeiten zu Wassersport und Wanderungen natürlich ein beliebter Anlaufpunkt für Urlauber und Wochenendausflügler. Der Laacher See ist nicht, wie oft behauptet, das größte Maar der Eifel. Geologisch korrekt ist der See eine wassergefüllte Caldera, die durch das Absacken der Decke der entleerten Magmakammer entstanden ist. Der Laacher See ist sogar die größte wassergefüllte Caldera Mitteleuropas.

In der erdgeschichtlich jungen Vulkanregion Laacher See gab es vor 11 000 Jahren die letzten vulkanischen Aktivitäten. Dabei wurden riesige Mengen vulkanischer Asche und Bims ausgeschleudert, die nicht nur einen Hügelring aus Bims um den See legten, sondern auch den Rhein zu einem riesigen See aufstauten. Die sogenannten Mofetten am südöstlichen Ufer des Sees demonstrieren durch aufsteigendes Kohlenstoffdioxid die heute noch vulkanische Aktivität. Leichte Erdbeben in den letzten Jahren bedeuten, dass sich die Magmakammer derzeit durch den Aufstieg von Magma füllt. Aber eine Vorhersage, wann der Laacher Vulkan wieder ausbricht, lässt sich nicht machen (vulkanregion-laacher-see.de).

12

Der Laacher See gehört ebenso wie die umliegenden Ländereien zum Besitz der **Benediktiner-Abtei Maria Laach**. Das Herzstück der Klosteranlage ist die dreischiffige **Basilika** mit sechs Türmen. Sie gilt als eines der schönsten und besterhaltenen romanischen Baudenkmäler Deutschlands und kann sich mit den großen romanischen Domen in Speyer, Mainz und Worms messen. Die Basilika ist aus braun-gelbem Laacher Tuff, weißem Kalkstein, rotem Sandstein, grauem Tuff und Basaltlava dekorativ gestaltet. Eine Besonderheit ist das sogenannte **Paradies**, ein Atrium mit offenen Arkaden aus dem 13. Jahrhundert. Die Abtei besitzt eigene Klosterbetriebe, deren Produkte in Bioland-Qualität im reichhaltigen **Klosterladen** verkauft werden (maria-laach.de).

RUND UM DEN LAACHER SEE Der je nach Wahl 10 bis 14 Kilometer lange Weg rund um den Laacher See gibt Blicke auf den Wasserspiegel frei und der Lydiaturm gewährt eine Vogelschau auf die Landschaft. Dabei gibt es eine Reihe von interessanten Anlaufpunkten auf dem Laacher See-Weg, die auf Informationstafeln erklärt werden. Eine Bootsfahrt am Steg vor der Benediktiner-Abtei Maria Laach kann ein schöner Abschluss sein (vulkanpark.com/geopark-laacher-see/wanderwege).

◀ Der Lydiaturm ▶ Die eindrucksvolle Wingertsbergwand

Rinder der Benediktiner-Abtei weiden am Laacher See.

IM VULKANPARK

Im Hügelring aus Bims um den Laacher See liegt die berühmte Wingertsbergwand, an der wie kaum an einem anderem Ort die abgelagerten Asche- und Bimsschichten zu sehen sind (Zufahrt von Mendig über die A 61). In Mendig ist das Vulkanmuseum Lava Dome, in dem Vulkanismus und die Entstehung des Laacher Sees eindrucksvoll demonstriert wird (Brauerstraße 1, 56743 Mendig, lava-dome.de). In Mendig gibt es in der Brauerstraße auch einen Wohnmobilstellplatz.

Der idyllische Krufter Waldsee, östlich des Laacher Sees gelegen, entstand in einer ehemaligen Bimsgrube. Der Badesee im Wald verfügt über eine ausgezeichnete Wasserqualität und ist für Kinder gut geeignet, weil die sandigen Ufer flach sind. Liegewiese, Spielplatz und WC sind eingerichtet (Zufahrt von Nickenich, nickenich.de).

Tipp

Zeugnisse der Römer im Gebiet des Laacher Sees sind der Tumulus und ein Nischengrab in der Nickenicher Laacher Straße, südöstlich des Sees. Das Grabmal eines reichen Gutsbesitzers gehörte wohl zu einer Villa Rustica aus dem 1. Jahrhundert nach Christi Geburt. Der Tumulus wurde aus dem Tuffstein bei Meurin gewonnen. Dort ist heute das Römerbergwerk Meurin zu besichtigen, aber auch antike Technikwelten und Technik der Neuzeit (Nickenicher Straße, 56630 Kretz, roemerbergwerk.de).

◀ Figuren im Nischengrab ▶ Vulkanlandschaft bei Kruft

IM VULKANPARK INFOZENTRUM an der Nette erleben Besucher eine abenteuerliche Reise in die Vergangenheit. Hinter dem Vulkanpark kann man im Steinerlebnisgarten vulkanische Steine fühlen und bewegen. Ein Höhepunkt ist die beliebig lange Wanderung an der Nette, die sich im Rauscherpark über große Basaltblöcke ergießt (Rauschermühle 6, 56637 Plaidt, vulkanpark.com). Auf dem Parkplatz ist eine Übernachtung im Wohnmobil erlaubt.

Tipp

Am Rhein sprudelt regelmäßig der Andernacher Kaltwasser-Geysir. Kohlenstoffdioxid steigt aus dem Magma unter den Vulkanen auf und trifft auf Grundwasser. In einem Aufstiegskanal sammelt sich das kohlenstoffdioxidhaltige Wasser. Wenn das Wasser mit Kohlenstoffdioxid übersättigt ist, schießt das Wasser bis zu 60 Metern in die Höhe (geysir-andernach.de).

BURG OHLBRÜCK

Die sagenhafte Welt des Mittelalters ist auf der Burg Ohlbrück zu erleben. Sie ist eine der ältesten und größten Burgen der Eifel. Im Vorhof befindet sich ein Spielplatz in Form einer kleinen Burg. Der Turm der echten Burg kann bestiegen werden. Der Rundumblick reicht bei gutem Wetter bis zum Kölner Dom (Burgstraße, 56651 Niederdürenbach, Tel. 02636/96 89 40, brohltal-verwaltung.de/burg-olbrueck).

12

VULKAN EXPRESS

In Niederzissen ist die Verwaltung des Vulkan Express stationiert. Um im Brohltal gewonnenes Basalt, Tuffstein, Trass und andere vulkanische Mineralien abzutransportieren, wurde im 19. Jahrhundert die Brohltalbahn gebaut. Heute wird sie zur Freude der Urlauber als Museumsbahn betrieben (Kapellenstraße 12, 56651 Niederzissen, Tel. 092636/803 03, vulkanexpress.de).

MAYEN

An der Stelle der heutigen Stadt Mayen setzten sich schon die Kelten fest und später die Römer. Die Mühlsteinproduktion war einst ein bedeutender Wirtschaftsfaktor. Das Mittelzentrum ist heute eine Stadt der Türme, Kirchen und Märkte. Herausragendes Gebäude ist die **Genovevaburg** im Süden der Altstadt. In der Burg, die auf das 13. Jahrhundert zurückgeht, befinden sich das Eifelmuseum und das Deutsche Schieferbergwerk. Der Burg schließt sich der große **Marktplatz** an, auf dem das **Rathaus** aus dem 15. Jahrhundert steht. In der Marktstraße findet man die **Sankt Clemenskirche**, die mit ihrer gedrehten und schiefen Turmspitze das Wahrzeichen der Stadt ist. Sie wurde erstmals 1296 erwähnt. Die markante neuromanische **Herz-Jesu-Kirche** mit ihren fünf Türmen wurde erst

◀ Der Vulkan Express ▶ Mauer mit Wehrgang am Katzenberg

1912 eingeweiht. Von der Stadtbefestigung sind Teile des Wehrgangs und einige Türme und Tore erhalten, von denen das mächtigste das Obertor ist (mayen.de).

Zur Basilika Fraukirch mit Biergarten, sechs Kilometer nordöstlich von Mayen, fährt man mit dem Fahrrad, denn es gibt keine Parkplätze. Die Kirche stammt aus dem 13. Jahrhundert und ist berühmt aufgrund ihrer außerordentlich bunten Altarwand. Der Fraukircher Hof aus dem 18. Jahrhundert betreibt heute den Biergarten neben der Kirche (Tel. 02652/5 24 94).

Das Mayener Grubenfeld mit der Ausstellung SteinZeiten im Nordosten von Mayen zeigt die Geschichte der ältesten Abbaugebiete von Basaltlava. Ein Rundweg von zwei Kilometern führt über das Gelände. Die Landstraße L 82 führt nach Norden direkt durch das Ettringer Lay, ein altes Abbaugebiet von Basaltlava (mayen.de/Tourismus-und-Events/Museen). Einige der Ettringer Höhlen befinden sich ebenfalls direkt an der L 82 nördlich von Ettringen.

Auf dem Katzenberg südöstlich von Mayen haben die Römer im Jahr 300 nach Christus eine Aussichtswarte gebaut. Es war die größte spätrömische Höhenbefestigung in der Eifel. Ein Teil der Befestigungsmauer mit Wehrgang wurde rekonstruiert. Vom Gipfel des Katzenbergs besteht gute Aussicht über die Landschaft.

Tipp

Vier Kilometer nordwestlich der Stadt Mayen erhebt sich in purer Natur das Schloss Bürresheim. Das nie zerstörte Schloss ist UNESCO-Weltkulturerbe und lädt ein, den Lebensstil des rheinischen Adels kennenzulernen. Kinder suchen nach den guten Geistern Willi und Fritzi, die noch immer im Schloss spuken (tor-zum-welterbe.de/schloss-buerresheim).

MONREAL

Der angesagte touristische Anlaufpunkt ist der Fachwerkort Monreal an der Elz. Im Mittelalter schützten eine Stadtmauer und zwei Burgen die Siedlung. Von der Prosperität der Tuchmacherstadt zeugen die liebevoll restaurierten Fachwerkhäuser aus dem 15. bis 18. Jahrhundert. Eindrucksvoll erleben Wanderer auf dem 14 Kilometer langen Rundweg Monrealer Ritterschlag den Ort und die Burgen von allen Seiten (monrealeifel.de).

Der Fachwerkort Monreal liegt im Tal der Elz.

Das Kloster Maria Martental wurde um 1141 gegründet. Die heutigen Gebäude stammen aus dem Jahr 1908. Die **Wallfahrtskirche Maria Martental** unten an der Endert wurde 1934 erbaut. Der Wanderweg entlang der wildromantischen Endert führt am **Wasserfall** fast an der Wallfahrtskirche vorbei (scj.de/haeuser/martental, gesundland-vulkaneifel.de/wilde-endert).

ULMEN

Der Ort Ulmen mit seiner Burgruine im äußersten Südwesten dieses Zielgebiets liegt in der östlichen Vulkaneifel. Das **Ulmener Maar** ist mit 11 000 Jahren eines der jüngsten Maare der Eifel. Der sich anschließende **Jungfernweiher**, ein fast verlandetes Maar, ist heute ein bedeutendes Natur- und Vogelschutzgebiet. Am Jungfernweiher gibt es auch einen Campingplatz. Um beide Gewässer führen Rundwege (stadt-ulmen.de).

AUF EINEN BLICK

Info

STADT/REGION: Vulkanregion Laacher See, Osteifel
BESTE REISEZEIT: April–Oktober
OPTIMALE REISEDAUER: 2–3 Tage
TOURISTINFO: Rathausplatz, 56727 Mayen, Tel. 02651/90 30 04, info@mayen.de, mayen.de, mayenzeit.de

STELLPLATZ MAYEN

ADRESSE: Viehmarktplatz Polcher Straße, Tel. 02651/90 30 05, info@mayen.de, mayen.de
ANFAHRT: Von der A 61 Ausfahrt 34 Mendig und auf der B 262 nach Mayen
GPS: 50.32225 7.228361

Der ganzjährig geöffnete, gekieste Stellplatz ist abgetrennt auf einem Großparkplatz und teilweise beschattet. Der Aufenthalt ist auf drei Tage beschränkt. Die Ausstattung umfasst Ver- und Entsorgungseinrichtung. In das Stadtzentrum mit Restaurants, Museen und Sehenswürdigkeiten ist es einen Kilometer weit. Zwei große Supermärkte sind benachbart. Zur Erlebniswelt Grubenfeld und zur Römerwarte Katzenberg sind es zwei Kilometer. Zur Basilika Fraukirch mit Biergarten sind es mit dem Fahrrad acht Kilometer. Der Eifeler Mühlsteinwanderweg führt auf 13 Kilometern vom Mayener Grubenfeld über die Ettringer Lay.

CAMPINGPLATZ LAACHER SEE

ADRESSE: L 113 Am Laacher See, 56653 Wassenach, Tel. 02632/24 85, info@camping-laacher-see.de, camping-laacher-see
ANFAHRT: Von der A 61 Ausfahrt 34 Mendig und auf der L 113 zum Campingplatz
GPS: 50.422083 7.265139

Der von April bis September geöffnete Campingplatz liegt direkt am Laacher See auf Wiesengrund. Der Platz verfügt über Sanitärgebäude, Restaurant, Minimarkt und Liegewiese sowie Kinderstrand am See. Zum Lydiaturm mit Blick über den See sind es 1,5 Kilometer.

◀ Stellplatz in Mayen ▶ Einfahrt zum Campingplatz Laacher See

Zum Kloster Maria Laach sind es auf dem Fußweg am See entlang 2,5 Kilometer. Nach Andernach sind es 13 Kilometer. Die Wanderung um den Laacher See ist in einer längeren Variante 14 Kilometer lang und bietet auch den Blick bis Andernach. Auf dem großen Parkplatz vor dem Kloster Maria Laach ist ein Stellplatz für Wohnmobile, aber es gibt dort keinerlei Einrichtungen.

STELLPLATZ MONREAL

ADRESSE: Bahnhofstrasse, 56729 Monreal, Tel. 02651/80 09 95, gemeinde@monreal-eifel.de, monrealeifel.de

ANFAHRT: Von der A 61 Ausfahrt 34 Mendig und auf der B 262, B 258 und L 98 nach Monreal

GPS: 50.297528 7.153806

Der gepflasterte, schattenlose Stellplatz auf einem normalen Großparkplatz neben der Bahnlinie ist ganzjährig nutzbar, aber ohne jegliche Einrichtung. Der Weg in das historische Zentrum mit Restaurants beträgt 600 Meter. Der Bahnhof ist am Platz. Nach Mayen sind es 7 Kilometer und zum Laacher See 27 Kilometer. Der 14 Kilometer lange Wanderweg Monrealer Ritterschlag führt direkt am Parkplatz vorbei. Nach Bermel sind es 6 Kilometer Dort beginnt ein 10 Kilometer langer Rundwanderweg bei 350 Höhenmetern auf den Hochbermel. Das ist ein 570 Meter hoher Basaltkegel, von dem es einen schönen Blick bis hinein in die Hohe Eifel gibt.

FELSENLAND SÜDEIFEL

Im Deutsch-Luxemburgischen Naturpark

In den herrlichen Wiesen über Holsthum

13

Der rote Luxemburger Sandstein kontrastiert mit der grünen Vegetation und mit den Wassern der Grenzflüsse Our und Sauer. Die Marke »Naturwanderpark delux« verspricht grenzenloses Wandervergnügen vorbei an bizarren Felsformationen der Sandsteintürme und entlang plätschernder Bäche zu mystischen Burgen.

Der Deutsch-Luxemburgische Naturpark (naturwanderpark.eu) umfasst im Norden die eher gering erschlossene Landschaft Islek, deren landwirtschaftlich genutzte Hochflächen von tief eingeschnittenen, bewaldeten Tälern der Our und Irsen geformt sind. Im Süden bildet das Sauertal die Achse des Deutsch-Luxemburgischen Naturparks. Die Sauer hat ein enges und windungsreiches Tal mit bis zu 200 Metern Tiefe geschaffen. Der Buntsandstein bildet die typischen offenen Felspartien an der Taloberkante. Im luxemburgischen Müllerthal zeigt die bizarre Felsenlandschaft der kleinen Luxemburger Schweiz grandiose Landschafts-Höhepunkte.

BOLLENDORF

Der Luftkurort Bollendorf im romantischen Sauertal an der Grenze zu Luxemburg ist 1300 Jahre alt. Ein Zeugnis der Geschichte ist die Römische Villa oberhalb der Burg Bollendorf, die bis ins 4. Jahrhundert genutzt wurde. Die **Burg Bollendorf** auf einem Felsen über der Sauer hat ihren Ursprung im Mittelalter. Ihr heutiges Aussehen erhielt die Burg aber in der Barockzeit. Genutzt wurde die Burg Bollendorf als Sommerresidenz der Echternacher Äbte (burg-bollendorf.de). Demselben Zweck diente **Schloss Weilerbach**, das drei Kilometer flussabwärts in den Wäldern steht. Es wurde 1780 als Barockschloss erbaut. Das Schloss wurde renoviert und gilt heute als Juwel des Rokoko. Das Schloss diente zugleich als Verwaltungssitz der Eisenhütte am Weilerbach. Die Ruinen der Eisenhütte sind heute noch zu sehen. Der Weiher zwischen Schloss und Hütte diente ursprünglich der Energieversorgung. Aus der Gründungszeit der Eisenhütte stammt auch die Remise, die heute als Museumscafé eingerichtet ist. Noch im 19. Jahrhundert wurden Roheisen und Gusseisen hergestellt. An der Straße nach Bollendorf steht das frühere Haus des Hüttenmeisters (schloss-weilerbach.de).

13

FELSENSCHLUCHT GRÜNE HÖLLE Die mittelschwere, sieben Kilometer lange Wanderung oberhalb von Bollendorf durch die enge Felsspalte Grüne Hölle hinterlässt anhaltende Eindrücke. Höhepunkte sind bizarre Felsgestalten und herrliche Aussichten über Bollendorf und das Tal der Sauer. Der Grenzstein Maria-Teresien-Stein erinnert daran, dass die Kaiserin von Österreich auch Herzogin von Luxemburg war und hier die Grenze markieren ließ (felsenland-suedeifel.de/a-audiotour-gruene-hoelle).

Tipp

Auf dem Bollendorfer Märchenpfad finden Kinder märchenhafte Felsgestalten und die Geschichte von König Bollybur und seiner Prinzessin. Das Malbuch dazu gibt es zum Herunterladen oder in der Touristinformation Bollendorf. Wer das Malbuch ausgemalt in der Information vorzeigt, bekommt eine Belohnung (felsenland-suedeifel.de/a-bollendorfer-maerchenpfad).

◀ Die Burg Bollendorf ist heute ein Hotel. ▶ Im Felsenlabyrinth Grüne Hölle

Das Barockschloss Weilerbach

FERSCHWEILER PLATEAU

Die nach dem Dorf Ferschweiler benannte Sandstein-Hochfläche nordöstlich von Bollendorf war schon zur Zeit der Kelten, Römer und Franken ein Rückzugsgebiet. Daher sind auf dem Ferschweiler Plateau viele Zeugnisse der Frühgeschichte zu finden. An den alten Wegen finden sich steinzeitliche Menhire, keltische Fluchtburgen, Kistengräber, frühchristliche Kreuze und jahrhundertealte Kapellen. In der Nähe der barocken **Schankweiler Klause** mit Rokoko-Innenausstattung sind drei vorchristliche Menhire zu finden. Das bekannte **Fraubillenkreuz** hatte erkennbar früher auch die Form eines Menhirs. Es wurde in frühchristlicher Zeit zu einem Kreuz umgearbeitet.

HOLSTHUM

Die bezaubernde Obstbaum-Landschaft am Rand des Ferschweiler Plateaus bei Holsthum begeistert. Offenbar betrachtete ein römischer Gutsherr im 2. Jahrhundert nach Christus die Hügel über Holsthum ebenfalls als Genius Loci, denn er baute sich hier eine **Römische Villa**. Die säulengeschmückte Front mit großem Portal lag vom späten Vormittag bis zum Abend im Licht (eifel.info/a-roemische-villa-holsthum).

DAS LANDGASTHAUS OBERBILLIG mit seiner Sonnenterrasse in Holsthum ist sehr zu empfehlen. Die Küche bietet regionale und saisonale Spezialitäten. In der hauseigenen Brennerei werden die Äpfel und Birnen der umliegenden Hügel zu Spitzenprodukten veredelt (Wolsfelder Straße 11, 54668 Holsthum, Tel. 6523/4 04, landgasthaus-oberbillig.de).

Impressionen vom Ferschweiler Plateau

ERNZEN

Im Süden auf dem Ferschweiler Plateau liegt das kleine Dorf Ernzen, das mit dem **Dinosaurierpark** mitsamt **Teufelsschlucht** eine touristische Hauptattraktion der Südeifel darstellt (dinopark-teufelsschlucht.de). Entsprechend groß ist der Besucheransturm. Auf dem Parkplatz darf im Wohnmobil übernachtet werden. Die Teufelsschlucht ist mit der Felsenschlucht Grüne Hölle oberhalb von Bollendorf vergleichbar, doch ist es dort wesentlich ruhiger. Für Kinder ist natürlich der Dinosaurierpark unersetzlich. Von Ernzen aus erschließen sich jedoch noch andere Sehenswürdigkeiten. Der romantische **Felsenweiher** in der Flurstraße ist ein eigenwilliges Natur- und Menschenwerk (ernzen.net). Fährt man auf der Ernzener Straße Auf der Höh zum Ernzenhof, erreicht man nach 600 Metern Spaziergang die **Liboriuskapelle**. Hier bietet sich eine außergewöhnlich schöne Aussicht über Echternach in Luxemburg.

IRREL

Noch schöner ist es, den Dinosaurierpark und die Teufelsschlucht von Irrel aus auf einem Rundwanderweg zu erreichen. Bei Irrel befinden sich die **Irreler Wasserfälle**, die allerdings gar keine Wasserfälle, sondern eher Stromschnellen der Prüm sind, aber trotzdem schön. Südöstlich der Wasserfälle ist der Katzenkopf mit dem Westwallmuseum Panzerwerk Katzenkopf erreicht (westwallmuseum-Irrel.de). Vom Parkplatz an den Irreler Wasserfällen kann man zwei Kilometer hinaufwandern, aber über Irrel ist auch die Zufahrt auf dem Hardweg möglich. Bei Irrel gibt es zwei Campingplätze.

DER 61 KILOMETER LANGE SAUER-RADWEG verbindet entlang der Grenze deutsche und luxemburger Orte. Der 65 Kilometer lange Nims-Radweg führt von Irrel auf einer ehemaligen Eisenbahntrasse nach Prüm. Auf dem 98 Kilometer langen Prüm-Radweg kommt man entlang des Flusses über Biersdorf und über den Stausee Bitburg nach Prüm. Auf der 5-Täler-Tour radelt der ambitionierte Sportler 115 Kilometer durch fünf Täler von Nims, Prüm, Sauer, Mosel und Kyll (eifel-direkt.de).

ECHTERNACH

Die älteste Stadt Luxemburgs ist unbedingt sehenswert und auf dem Kirmesplatz, gleich nach der Brücke 100 Meter rechts, kann auch gut geparkt werden. Während Echternacherbrück auf deutscher Seite erst nach 1800 entstand, zeigen die vorzüglich restaurierte Römische Villa in der Echternacher Rue des Romains 47 sowie keltische Spuren, dass es eine frühe Ansiedelung an der Sauer gab. Die Ursprünge der Ringmauer gehen auf das 10. Jahrhundert zurück. Echternach hat mit seinen verwinkelten Gassen, Türmen, der Stadtmauer und dem Marktplatz mit dem gotischem Stadthaus Denzélt sein mittelalterliches Ambiente bewahrt.

◀ Die römische Villa steht auf einem Hügel über Holsthum.
▶ Gebäude der Echternacher Abtei

13

Die romanische Sankt Willibrordus Basilika steht auf den Grundmauern einer römischen Festung. Die Abtei Echternach neben der Kirche besitzt neben dem Abteimuseum einen wunderschönen Abteigarten mit Orangerie. Echternach ist heute kulturelles Zentrum der Region und strahlt eine lebendige Atmosphäre aus (visitechternach.lu).

MÜLLERTHAL

Die Region Müllerthal wird aufgrund ihrer landschaftlichen Schönheit auch »Kleine Luxemburgische Schweiz« genannt. Nahe dem Ort Berdorf gibt es bizarre Felsformationen mit fantasievollen Namen. Eine der meist besuchten Sehenswürdigkeiten ist der Wasserfall Schiessentümpel mit drei Kaskaden. Vom Kinderwanderweg bis hin zum anspruchsvollen Müllerthal-Trail ist das Gebiet gut erschlossen (mullerthal.lu, visitberdorf.lu). Vom Campingplatz Martbusch in Berdorf führen kurze Wege zu Aussichtsplattformen am Rand des Müllerthals.

BEAUFORT

Ein paar Kilometer nordwestlich von Berdorf steht die einst stolze Burg und das Schloss von Beaufort. Die Kernburg stammt wohl aus dem 12. Jahrhundert. Im 17. Jahrhundert wurde dahinter ein Schloss im Stil der Renaissance gebaut (Rue du Château 24, L-6310 Beaufort, beaufortcastles.com).

VIANDEN

Das verträumte historische Städtchen Vianden prunkt mit einem riesigen Schloss über der Our. Das Schloss Vianden zählt zu den bedeutendsten Baudenkmälern Europas und gilt als eines der schönsten Schlösser der Welt. Es wurde ab dem 11. Jahrhundert auf den Fundamenten eines römischen Kastells gebaut. Bis ins 15. Jahrhundert war die Burg Vianden eine der wichtigsten und größten Befestigungsanlagen westlich des Rheinufers. Der imposante Bau zeugt von der Macht der Grafen von Vianden, die einst über 136 Dörfer regierten (castle-vianden.lu).

Außer dem Schloss bietet Vianden das Geschichtsmuseum, das Exponate aus der tausendjährigen Geschichte der Stadt bereithält. Darunter auch eine Sammlung der ortsüblichen Inneneinrichtungen des 18. und

Die mittelalterliche Burg von Beaufort

19. Jahrhunderts sowie Möbel der Burg Vianden (Musée de la ville de Vianden, Grand-Rue 96).

Eine Besonderheit ist das Musée de la caricature, das gut zur Künstlerstadt Vianden passt (Grand-Rue 48, caricature.eu). Weil der französische Literat und Dramatiker Victor Hugo einige Zeit in Vianden lebte, gibt es auch ein Musée Littéraire Victor Hugo, das einen Überblick über das Leben und Schaffen des Schriftstellers gibt. Besucher können das Zimmer Victor Hugos mit den Originalmöbeln besichtigen (Rue de la Gare 37, victor-hugo.lu). Schloss und Stadt sind heute ein Touristenmagnet.

Vianden ist die Nuss-Hauptstadt Luxemburgs, denn um die Stadt herum stehen ein Fünftel aller Nussbäume Luxemburgs. Die Einwohner feiern dies im Oktober mit dem Viandener Nussmarkt. Der Nussbranntwein Nëssdrëpp ist das Mitbringsel schlechthin. Vianden ist auch bekannt als Ort der guten Restaurants. In der Rue Neugarten gibt es einen Wohnmobilstellplatz und in der näheren Umgebung mehrere Campingplätze (visit-vianden.lu).

AUF EINEN BLICK

Info

STADT/REGION: Deutsch-Luxemburgischer Naturpark
BESTE REISEZEIT: April–Oktober
OPTIMALE REISEDAUER: 2–3 Tage
TOURISTINFO: Neuerburger Straße 6, 54669 Bollendorf, Tel. 06525/93 39 30, info@bollendorf.de, bollendorf.de/touristik, felsenland-suedeifel.de

CAMPINGPLATZ ALTSCHMIEDE

ADRESSE: Campingplatz, 54669 Bollendorf, Tel. 06526/375, info@camping-altschmiede.de, camping-altschmiede.de
ANFAHRT: Von der A 60 Ausfahrt 6 Bitburg und auf der B 51, B 257 und L 1 nach Bollendorf
GPS: 49.841194 6.337194

Der von April bis Oktober geöffnete Platz liegt mit seinen Wiesenplätzen mit Stromanschluss direkt an der Sauer. Die Sanitärräume verfügen über Duschkabinen, Waschbecken, WC, Waschmaschinen, Trockner und Ver- und Entsorgungsstation. Restaurant, Café, Minimarkt und Kanuverleih sind am Platz. Das eigene Schwimmbad verfügt über zwei Becken und drei Wasserrutschen. Ins Zentrum von Bollendorf mit Geschäften und Restaurants sind es 2,5 Kilometer. Nach Echternach sind es 10 Kilometer, nach Berdorf in der Kleinen Luxemburgischen Schweiz und zur Teufelsschlucht 13 Kilometer. Der Sauer-Radweg führt am Campingplatz vorbei.

CAMPINGPLATZ MARTBUSCH

ADRESSE: Beim Martbusch 3, L-6552 Berdorf, Tel. 00352/(0)79 05 45, info@camping-martbusch.lu, camping-martbusch.lu
ANFAHRT: Von der A 60 Ausfahrt 6 Bitburg und auf der B 51, B 257 und N 634 nach Berdorf
GPS: 49.826056 6.343611

Der ganzjährig geöffnete Platz liegt mit seinen parzellierten Wiesenplätzen mit Stromanschluss direkt am Wald nördlich von Berdorf. Die Sanitärräume verfügen über Duschkabinen, Waschbecken, WC,

Der Campingplatz Altschmied liegt direkt an der Sauer.

Waschmaschinen, Trockner und Ver- und Entsorgungseinrichtung. Imbiss, Brötchenservice und Mountainbike-Verleih sind am Platz. Ins Zentrum von Berdorf mit Geschäft, Restaurant und Käserei mit Hofladen ist es einen Kilometer weit. Sehr guter Ausgangspunkt für Wanderungen ins Müllerthal. Nach Echternach sind es 6 Kilometer, zur Burg Beaufort und nach Bollendorf 9 Kilometer und nach Vianden 29 Kilometer. Der Campingplatz bietet auch Wohnmobilstellplätze.

CAMPINGPLATZ ECHTERNACHERBRÜCK

ADRESSE: Mindener Straße 18, 54668 Echternacherbrück,
Tel. 06525/340, info@echternacherbrueck.de,
camping-echternacherbrueck.de
ANFAHRT: Von der A 60 Ausfahrt 6 Bitburg und auf der B 51, B 257 nach Echternacherbrück
GPS: 49.812667 6.431389
Der von April bis Mitte Oktober geöffnete Platz liegt mit seinen Wiesenplätzen mit Stromanschluss direkt an der Sauer. Die Sanitärräume verfügen über Duschkabinen, Waschbecken, WC, Waschmaschinen, Trockner und Ver- und Entsorgungseinrichtung. Restaurant, Biergarten und Bäckerei sind am Platz. Das benachbarte Freibad verfügt über zwei Becken und ein Planschbecken. Zu einem Lebensmittelgeschäft ist es 300 Meter weit. Ins Zentrum von Echternach in Luxemburg sind es 900 Meter. Der Platz ist idealer Ausgangspunkt für Radtouren durch die Täler von Sauer, Our, Nims und Mosel und für Wanderungen.

BITBURG UND BITBURGER LAND

Die Einkaufs- und Bierstadt der Südeifel

Blick vom Aussichtsturm über Rodt nach Luxemburg

14

Das Bitburger Land ist urlaubstauglich und Bitburg eine behagliche Stadt. Sie ist vor allen Dingen eine Kapitale der römischen Geschichte. Doch zugegeben, wer denkt bei Bitburg nicht gleich an Bier. Das Bitburger Bier bestimmt nicht nur die Stadt und die Zapfhähne der Republik, sondern ist weltberühmt.

Die abwechslungsreichen Landstriche der Südeifel ergeben ein harmonisches Naturschauspiel, gespickt mit zahlreichen Kulturgütern. Das Bitburger Land gefällt mit bizarren Felsformationen, idyllischen Streuobstwiesen und malerischen Tälern als Ferienregion. Bereits den Römern gefiel es in dieser Landschaft an der Nims und sie legten an der Fernstraße von Trier nach Köln mit der kleinen Siedlung Vicus Beda den Grundstein für das spätere Römerkastell und für die heutige Südeifeler »Hauptstadt Bitburg«. Die Reste der Mauern, Tore und Türme des Kastells prägen noch heute das Stadtbild Bitburgs.

SEHENSWERTES IN BITBURG

Auf dem Archäologischen Parcours durch die Altstadt Bitburgs werden Besucher an wesentliche Orte der römischen Geschichte geführt. Ein Faltblatt dazu gibt es in der Touristinformation oder unter eifel-direkt.de/a-archaeologischer-rundweg. Wer an der Touristinformation startet, geht am Zebrastreifen über die Straße Römermauer und steht vor der westlichen Mauer der spätrömischen Befestigung aus dem 4. Jahrhundert. Auf der Straße Römermauer geht es nach Norden weiter. In und nach einer Rechtskurve sind die Grundmauern zweier römische Türme zu sehen. Hier sind auch einige steinerne Denkmäler und Artefakte ausgestellt. An der Kreuzung mit der Hauptstraße, in die wir rechts einbiegen, stand einst das nördliche Tor. Die Hauptstraße ist die frühere Römerstraße von Trier nach Köln. An der Einmündung der Geibengasse in die Hauptstraße steht die rekonstruierte Jupitersäule zu Ehren des höchsten Gottes der Römer. Durch die Geibengasse kommt man dann in die Gasse im Graben rechts, in der ein weiterer Turmsockel und Mauern der Stadtbefestigung stehen. Ganz im Süden der Hauptstraße befand sich das südliche Tor des Kastells. Zu den interessanten Gebäuden der nachrömischen Zeit zählt die romanische Liebfrauenkirche, die auf dem Grundstein eines römischen

Tempels gebaut wurde. Durch spätere Um- und Anbauten trägt auch sie gotische und barocke Elemente. In der Hauptstraße steht der neuzeitliche Glockenspielturm. Die Glocken spielen unterschiedliche Lieder, die zur jeweiligen Jahreszeit passen. Während des Spiels (vormittags und nachmittags kurz nach der vollen Stunde) öffnet sich die Trommel unter der Uhr und es sind sechs Figuren zu sehen, die mit dem Brauer, Schreiner, Bäcker, Fleischer, Schlosser und Zimmermann das handwerkliche Leben in Bitburg zeigen.

Der **Gäßestrepper Brunnen** am Ende der Petersstraße erinnert in einer Sage an die Belagerung im Dreißigjährigen Krieg. Man zog (streppte) den Bitburger Kindern die Felle von Ziegen (Gäßen) über und ließ sie so über die Stadtmauer tanzen. Die Schweden dachten, dass die Bitburger noch viel zu essen hätten und gaben die Belagerung auf.

Zum Besuch der Stadt Bitburg gehört eine Besichtigung der **Bitburger Marken-Erlebniswelt** bei der Touristinformation. Der Familienbetrieb in siebter Generation wurde 1817 gegründet und ist weltberühmt. Die Bitburger Braugruppe beschäftigt heute 1 700 Menschen und ist ein Unternehmen mit vielen Marken. Am Ende der Besichtigung wartet eine Verköstigung (Römermauer 3, Tel. 06561/14 24 97 bitburger.de). Wer von der Stadtbesichtigung oder vom Bier müde geworden ist, findet eine Bank am Weiher im erholsamen **Garten am Barockschlösschen Waisenhaus** in der Kölner Straße 14. An der Stelle einer mittelalterlichen Burg wurde das barocke Schloss erbaut und später durch Nachlass zu einem Waisenhaus.

◀ Die römische Mauer in Bitburg ▶ Im Garten des Barockschlösschens

Blick von der Hauptstraße in die Petersstraße

MITTEN IM HISTORISCHEN ZENTRUM an der Einmündung der Petersstraße in die Hauptstraße befindet sich gegenüber dem Gäßestrepper Brunnen das gute Hotel Restaurant Louis Müller mit eigener Metzgerei. Hier wird unter Verwendung von Waren regionaler Erzeuger traditionelle Küche modern interpretiert (Hauptstraße 42a, Tel. 06561/91 90, hotel-louis-mueller.com).

DER NIMS-RADWEG ist 62 Kilometer lang und verläuft zwischen Prüm und Irrel. In Richtung Süden erreicht man nur wenige Kilometer weiter über den Prüm-Radweg den Sauer-Radweg bei Minden an der Deutsch-Luxemburgischen Grenze. Der nördliche Teil des Nims-Radweges ist eine sportliche Herausforderung mit starken Anstiegen und Abfahrten (eifel.info/a-nims-radweg).

RITTERSDORF

Auf dem Weg zum Bitburger Stausee (siehe Ziel 14) liegt der Ort Rittersdorf mit seiner idyllischen Burg an der Nims. Rittersdorf hat eine über 1 000-jährige Geschichte. Doch geht die erste Ansiedlung vermutlich auf die Kelten zurück und die Römer errichteten ein Kastell. Die erste urkundlich belegte Nachricht einer Burg stammt aus dem Jahr 1050. Im 13. Jahrhundert wurde sie zu einer Wasserburg ausgebaut. Der Wehrturm stammt aus dieser Zeit. Heute ist in der Burg ein gehobenes Restaurant mit Gastgarten am Wasser und mit mittelalterlichem Weinkeller untergebracht. Auf der saisonal wechselnden Karte stehen Gerichte der regionalen Landküche mit Raffinesse und erlesene Weine (Restaurant Herrmann's, Bitburger Straße 30, 54636 Rittersdorf, Tel. 06561/965 70, burgrittersdorf.de).

◀ Burg Rittersdorf an der Nims ▶ Der mittelalterliche Torbau in Welschbillig

DER EIFELPARK IN GONDORF ist ein Freizeitpark und Tierpark. Vom Kinderkarussell bis zu wilden Fahrgeschäften stehen viele Abenteuer zur Wahl. Aufführungen im Puppentheater begeistern Groß und Klein. Für Tierliebhaber sind Wildgehege und Streichelzoo eingerichtet (Eifelpark, Weißstraße 12, 54647 Gondorf, Tel. 06565/9 56 60, eifelpark.de).

SPEICHER

Zahlreiche Funde von Tonwaren gehen bis in die Römerzeit zurück. Steinzeug wurde in Speicher bis in die Neuzeit produziert. Im alten Rathaus von Speicher ist ein Museum eingerichtet, in dem der Besucher eine Reise in die Vergangenheit erleben und Töpferwaren aus verschiedenen Epochen betrachten kann (Jacobsstraße 57, Tel. 06562/931 92 07, vg-speicher.de).

WELSCHBILLIG

15 Kilometer südlich von Bitburg liegt der geschichtsträchtige Ort Welschbillig. Zur Römerzeit stand an Stelle des Dorfes eine römische Villa Rustica in U-Form um einen 60 Meter langen Weiher mit 112 Hermen außenherum. Hermen sind Pfeiler mit aufgesetzten Köpfen. Die Darstellungen in Welschbillig zeigten unterschiedliche Völker wie Römer, Griechen, Kelten und Germanen sowie Götter. Die gefundenen Hermen sind heute im Trierer Landesmuseum ausgestellt.

Welschbillig gehörte im Mittelalter mit einer erzbischöflichen Burg zu Trier. Im 13. Jahrhundert bauten die Trierer Kurfürsten eine Befestigung aus dem 12. Jahrhundert zu einer Wasserburg mit vier Ecktürmen aus. Das ehemals kurtrierische Amtshaus ist jetzt Pfarrhaus. Die Stadt Welschbillig war von einer 1,5 Kilometer langen Ringmauer umgeben. Stadt und Burg wurden im 17. Jahrhundert von französischen Truppen zerstört. Erhalten blieb ein **Torbau**, der von zwei Rundtürmen flankiert wird. Am Platz des ehemaligen Südflügels der Wasserburg steht die neugotische Pfarrkirche Sankt Peter. Die prächtige Hermenanlage in Welschbillig gehörte wahrscheinlich zu einem Palast eines Verwalters des großen römischen Langmauerbezirks. Bei der Wanderung durch das Butzerbachtal (siehe Ziel 11) stößt man auf Reste dieser 72 Kilometer langen Mauer um die kaiserliche Domäne (welschbillig.de).

ZEMMER

Auch bei Zemmer im Südosten dieses Zielgebiets ist an der L 43 ein rekonstruierter Teil der römischen **Langmauer** zu sehen. Das Gebiet lässt sich zum Teil vom **Aussichtsturm Rodt** aus überschauen. Die Sicht reicht über die Eifel, Mosel, Hunsrück bis nach Luxemburg (Breite Straße, 54313 Zemmer-Rodt).

Das Museum in Speicher

AUF EINEN BLICK

Info

STADT/REGION: Bitburg, Bitburger Land
BESTE REISEZEIT: Apri–Oktober
OPTIMALE REISEDAUER: 1–2 Tage
TOURISTINFO: Römermauer 6, 54634 Bitburg,
Tel. 06561/9 43 40, info@eifel-direkt.de, eifel-direkt.de

CAMPINGPLATZ PRÜMTAL

ADRESSE: In der Klaus 17, 54636 Oberweis, Tel. 06527/9 29 20, info@pruemtal.de, pruemtal.de
ANFAHRT: Von der A 60 Ausfahrt 6 Bitburg und auf der B 51 und B 50 nach Oberweis
GPS: 49.959167 6.424778

Der ganzjährig geöffnete Platz liegt mit seinen Wiesenplätzen direkt an der Prüm. Normale Stellplätze haben einen Stromanschluss. Es gibt auch Komfortplätze mit eigenem Strom-, Wasser- und Abwasseranschluss. Die Sanitärräume verfügen über Duschkabinen, Waschbecken, WC, Waschmaschinen und Trockner und Ver- und Entsorgungseinrichtungen. Am Platz gibt es ein Restaurant und Kiosk mit Brötchenservice. Das benachbarte Freibad ist für Campinggäste kostenlos. In das Zentrum von Oberweis mit gutem Café in einem Bäckerladen sind es 600 Meter. Von Oberweis fährt ein Bus in 18 Minuten nach Bitburg,

◀ Blick über den Campingplatz Prümtal ▶ An der beschaulichen Nims

Der Parkplatz direkt vor dem belebten Eingang zum Eifelpark

mit dem Fahrrad sind es 10 Kilometer. Zum Eifelpark in Gondorf sind es 13 Kilometer. Der Prüm folgend, verläuft der Prüm-Radweg auf 98 Kilometer Länge von Stadtkyll bis zur Mündung bei Minden in die Sauer an der luxemburgischen Grenze. Es gibt also Möglichkeiten nach Norden oder nach Süden. 10 Kilometer sind es auf dem Prüm-Radweg zum Bitburger Stausee und nach Holsthum. Nach Prüm sind es 43 Kilometer. Nach Echternach sind es nur 25 Kilometer und 16 Kilometer zu den Prümer Wasserfällen oder zur Teufelsschlucht.

PARKPLATZ EIFELPARK GONDORF

ADRESSE: Weißstraße 12, 54647 Gondorf, Tel. 06565/9 56 60, info@eifelpark.com, eifelpark.de

ANFAHRT: Von der A 60 Ausfahrt 7 Badem und auf der B 257 und L 38 nach Gondorf

GPS: 49.963972 6.618667

Am Eifelpark Gondorf gibt es keinen offiziellen Wohnmobilstellplatz, aber eine Übernachtung auf dem Parkplatz vor dem Eingang wird geduldet. Es gibt auch keinerlei spezifische Einrichtungen für Wohnmobile.

STELLPLATZ BITBURG

In Bitburg gab es im Dezember 2020 noch keinen Wohnmobilstellplatz. Es läuft aber jeweils ein Projekt an zwei Stellen im Maximiner Wäldchen und im Stadtteil Masholder. Zum Termin der Fertigstellung konnte noch keine Aussage gemacht werden. Es lohnt sich, bei der Touristinformation Bitburg nachzufragen, zumal der geplante Stellplatz im Maximiner Wäldchen zentrumsnah liegen wird (Tel. 06561/9 43 40, info@eifel-direkt.de).

ORTS- UND SACHREGISTER

CAMPING- UND STELLPLÄTZE

IMPRESSUM

Verantwortlich: Kerstin Thiele
Lektorat: Marion Landwehr
Layout- und Umschlaggestaltung: Helene Schumacher
Satz: Silke Schüler
Repro: LUDWIG:media
Kartografie: Huber Kartografie
Herstellung: Anna Katavic

Printed in Slovenia by Florjancic

Unser komplettes Programm finden Sie unter www.bruckmann.de

★★★★★

Sind Sie mit diesem Titel zufrieden? Dann würden wir uns über Ihre Weiterempfehlung freuen. Erzählen Sie es im Freundeskreis, berichten Sie Ihrem Buchhändler, oder bewerten Sie bei Onlinekauf. Und wenn Sie Kritik, Korrekturen, Aktualisierungen haben, freuen wir uns über Ihre Nachricht an Bruckmann Verlag, Postfach 40 02 09, D-80702 München oder per E-Mail an lektorat@verlagshaus.de.

In diesem Buch wird aus Gründen der besseren Lesbarkeit das generische Maskulinum verwendet. Weibliche und anderweitige Geschlechteridentitäten werden dabei ausdrücklich mitgemeint, soweit es für die Aussage erforderlich ist.

Bildnachweis: Alle Bilder im Innenteil und auf der Umschlagrückseite stammen vom Autor, außer: S. 14: P. Hinschläger, medien.aachen.de; S. 16 re.: A. Herrmann, medien.aachen.de; S. 19 re.: A. Steindl, medien.aachen.de; S. 57: Gerolsteiner Brunnen GmbH; S. 99 re.: Service & Racing Reis; S. 135 li.: W. Grafeneder, Vulkan Express; S. 157 li. und S. 154 li.: Tourist-Information Bitburger Land; Illustrationen: Shutterstock/Tiwat K: passim

Umschlagvorderseite: mauritius images / Westend61 / pure.passion.photography: Monschau in der Eifel
Umschlagrückseite: R. Kröll: Wohnmobilstellplatz oberhalb von Gillenfeld

Die Deutsche Nationalbibliothek verzeichnet diese Publikation in der Deutschen Nationalbibliografie; detaillierte bibliografische Daten sind im Internet über http://dnb.d-nb.de abrufbar.

ISBN 978-3-7343-2055-2